最高のコーチは、教えない。

吉井理人

Don't Teach, But Lead / Masato Yoshii

Discover

はじめに

自分のやりたいことは自分で決める。
他人から何かを押しつけられたくない。
自分の成績さえよければいい。
チームより自分。

本書を手にとったあなたは、部下や若手の育成、チームの指導方法に悩んでいるのではないかと思う。

どうすれば相手のモチベーションを高め、能力を引き出し、高い成果を挙げることができるのか。メンバーを成長させることができるのか。

そして、自分の「教え方」は正しいのか。悩みは尽きないはずだ。

この本では、個人の能力を最大限に引き出し、高い成果を挙げる方法を紹介する。

その方法は、「教える」のではなく、自分の頭で考えさせるように質問し、コミュニケーションをとる「コーチング」という技術だ。

プロの世界でコーチになるということ

僕は千葉ロッテマリーンズで、投手コーチをしている。

プロ野球選手は、わがままだ。現役時代の僕もそうだった。プロ野球選手だけでなく、プロスポーツ選手はそんなものだ。それぐらいの気概がないと、プロフェッショナルという厳しい世界を生き抜いていけない。

このわがままな気質は、いわゆる「一流」と呼ばれるレベルに到達し、人間的に成熟したころに少しずつ消えていく。しかし、一流を目指してがむしゃらに成長しようとしている時点で、わがままな部分がない選手は珍しい。

だから、プロ野球選手はコーチに頭ごなしに教えられたり、結果だけを見て指導されるのを極度に嫌う。**選手にとって嫌なコーチは、事前に何も指導していないのに、マイナスの結果だけを見てあれこれ言ってくるタイプだ。**自分の経験談ばかりを延々と話すコーチも煙たがられる。失敗談はまだしも、成功した自慢話を聞かされるのはつらい。

僕もそういうタイプのコーチが大嫌いだった。コーチは、レベルの低い人間がやるものだと思っていた。引退しても、コーチだけには絶対なりたくないと思っていた。

二〇〇七年、僕は四十二歳で現役を引退した。

そのころ僕の代理人をしてくれていた団野村さんのもとに、北海道日本ハムファイターズから投手コーチ就任の依頼が舞い込んだ。僕としては、まだ選手としてプレーできると思っていた。現役続行と引退。かなり迷った。だが、団野村さんに強く諭された。

「現役にこだわりすぎて、仕事がなくなる人を嫌というほど見てきた。仕事があるうちにゲットしておくべきだ。ヨシ、今が『辞めどき』なんじゃないか」

僕は、投手コーチを引き受けることにした。

絶対になりたくないと思っていたコーチになった。やり方はわからない。選手にしてあげられることを考えたが、現役時代に自分が嫌だった「教える」方法しか思いつかない。そんなことしかできないようなら、自分が嫌がっていた典型的なコーチと変わらないではないか。僕は、コーチになることが恥ずかしくなった。

いきなり教える側に立つことはできない

このままでは、選手に通用しない。

コーチを引き受けてから、改めてどのような指導をするべきか考えた。自分の現役時代を振り返り、指導を受けたコーチがどのようなことを言っていたか思い出した。

案の定、嫌なことしか思い浮かばなかった。ノートを広げて「良かったこと」「悪かったこと」を書き出そうとしたが、悪かったことはいくらでも書けるのに、良いことは何一つ思い浮かばない。

それも当然だ。高校を卒業してプロ野球選手になってから引退するまで「どうすれば自分のピッチングが良くなるか」しか考えてこなかった。

自分のことしか考えてこなかった人間が、何の準備もなく教える側に立っても、自分の経験を伝えることしかできない。選手にとってそれが嫌なことだとわかっていても、それ以外に思いつく指導方法がなかった。

それに、僕は自分がプロ野球選手として優れていたとは思っていない。

たしかに、僕のやり方は僕には合っていたかもしれない。でも、最高の選手としての評価を得られたわけではない。せいぜい「一流半から二流のちょっと上」程度のレベルにしか到達できなかった。そんな元選手のやり方が、現役の選手にとってベストのやり方とは到底思えない。自信を持って自分のやり方を教えられそうもない。考えれば考えるほど、自分がコーチに向いているとはとても思えなかった。

そんな状況でも、選手が嫌がる指導は絶対にしたくない。

僕の選択肢はたった一つしかなくなった。**選手を見ること。それだけを徹底することに決めた。**偉そうに言ったが、コーチとして何をしていいかわからず、選手を見ているしかできなかったのが実情だ。かろうじて、選手からの質問に自分の経験を踏まえて答えることしかできなかった。

胸を張って「私はコーチです」とは、とても言えなかった。しかも、結果的に自分の経験を選手に押しつけるという、選手が嫌がる指導をしてしまった。

コーチングは、相手との対話から始まる

そんなとき、僕はある出来事を思い出していた。

ニューヨーク・メッツに入団し、はじめての春のキャンプに参加したときのことだ。何度かピッチングをしたが、コーチは何も言ってくれなかった。

「何にも言ってくれへんのやなあ」

そう思っているところに、ボブ・アポダカコーチがひょこひょこと近づいてきた。ようやくアドバイスをもらえる。そう期待したが、意外な言葉が出てきた。

「おまえ以上におまえのことを知っているのは、このチームにはいない。だから、おまえ

のピッチングについて、俺に教えてくれ。そのうえで、どうしていくのがベストの選択かは、話し合いながら決めていこう」

驚いた。コーチからそんなことを言われたことがなかったからだ。

日本では、コーチが自分の尺度で選手を見て、自分の尺度に合わなければ自分がやってきたように修正するのが一般的だ。アポダカコーチは、僕がどんなピッチングをする投手で、どんなピッチングをやりたいかをはじめに聞いてくれ、その方向性に沿ったアドバイスをしようと考えてくれた。アポダカコーチの言葉を聞いて、僕はこの国でやっていけるかもしれないと思った。

当時、僕は日記をつけていた。その日記の最後に、もし自分がコーチになったときのために、この経験は忘れないでおこうと書いてあった。それぐらい印象的で、僕のターニングポイントとなる大事な言葉になった。

実はアポダカコーチは、メジャーリーグではあまり評判のいいコーチではない。メジャーリーグのコーチとしては、いろいろと教えすぎてしまうからだ。それでも、僕のイメージでは最高のコーチだ。日本のプロ野球を経験した僕にとっては、選手に任せてくれるコーチに思えた。

それほど、日本のプロ野球のコーチは選手の意思を尊重しないコーチングなのだ。

結果が出ても、間違った教え方では意味がない

プロ野球界におけるコーチと選手の関係は、これまで「師弟関係」が主流だった。師匠が弟子に技術や心構えを伝承するとき、師匠は絶対的な存在だった。だから「俺のようになれ」と教えるのは、ある意味で必然だった。しかし、そうした指導はコーチのミニチュアを再生産するにすぎない。**選手が持っていたせっかくの個性が消され、本来持っていたはずの本当の力は出てこない。**

そうなるのが嫌だったはずなのに、僕は同じことをしている自分に気づいていた。ただ、自分の経験を「積極的に」教えていたわけではない。聞かれたから答えただけだ。ほかのコーチとは違う。選手にとっては、嫌な体験になっていないはずだ。心の中でそんな言い訳をしながら、コーチとしての力量不足をごまかしていた。二年間一軍のコーチと

して仕事をしたが「これでええんかな？」という迷いは消えなかった。

だが、結果が出てしまった。それまで勝てなかった若手選手が勝てるようになった。くすぶっていたベテラン投手が息を吹き返した。調子の波が大きく不安定だった投手が、コンスタントなピッチングができるようになった。チームとしても、コーチ初年度の二〇〇八年は三位を確保し、二〇〇九年はリーグ優勝を果たした。

結果は出たが、僕の力ではない。コーチとしての僕の教え方は間違っている。でも、どのような指導をすればいいかわからない。僕は限界を感じ、コーチとしての勉強に本気で取り組まなければ、コーチとして破綻すると思った。


二年間一軍のピッチングコーチをした経験から、僕はむしろ二軍のピッチングコーチとして若手の指導をしたほうがいいのではないかと考えた。すぐに結果を求められる一軍の指導では難しくても、長期的視野で育成をする若手の指導に携われば、コーチとして学びながら指導できると考えたからだ。

そんなとき、タイミングよく球団から二軍コーチの要請があった。二軍のピッチングコーチとして二年契約を締結し、若い選手を相手に指導を始めることになった。しかし、その矢先だった。

二〇〇九年にファイターズの二軍のピッチングコーチを務めていた小林繁さんが、僕に代わって一軍のピッチングコーチに昇格した。しかし、二〇一〇年の春季キャンプに入る直前の一月一七日、心筋梗塞で急逝された。僕は、一年間二軍コーチを務めた後、一軍に呼び戻された。


僕が二軍を希望したのは、若くまだ芽が出ていない選手に対して、いろいろと試したい指導方法があったからだ。それは「選手の主体性を出させるコーチング」である。

それまでのプロ野球界では、試合後のミーティングにコーチが手帳を持って選手たちの前に立ち「あの場面の投球はあかんかった。次はこうしろ」と一方的に教えるのが常識とされていた。選手は深く理解しようともせず「わかりました」と言って終わる。これでは、選手たちがもっとも嫌がる「結果で物を言う」指導ではないか。

だから僕は、その日の試合で登板しない投手を新聞記者役に設定し、試合内容を事細かく見るように指示した。試合後、その新聞記者役の選手に、試合で登板した投手に質問させ、答えさせるというミーティングに変えた。

これが「振り返り」というコーチングだ。**コーチが教えるのではなく、選手たちだけで試合を振り返り、気づきを得る手法である。**

この手法は、試合に登板した投手が客観的に自分を振り返る訓練になる。新聞記者役を担う投手にとっても、試合のポイントを見抜く力を養う訓練になる。試合で投げた投手も、試合を見た投手も、自分事として試合の流れを感じたほうが成長すると思ったのだ。

だが、それを十分試す前に、また一軍に上げられてしまった。

コーチングは、理論として学ばなければならない

このままでは奔流に流され、コーチとして何もできなくなる。

その思いから、コーチングの理論を体系的に学ぶ必要性を感じた。

そのため、筑波大学大学院人間総合科学研究科体育学専攻課程で、スポーツコーチングを一から勉強し直した。僕が実践しているコーチングは、大学院で学んだ理論がベースになっている。

その意味では、大学院で得た学びが僕のコーチング哲学をつくったといえる。

コーチの仕事は「教える」ことではなく、「考えさせる」こと

コーチになって感じたのは、選手の思いを引き出す難しさだ。現役の選手にそれを経験させれば、自分がどういうプレーをしたいのか、考え直すきっかけになる。しばらく続けると、選手たちの質問はまたたくまに上達した。あまりにも鋭く突っ込むので、喧嘩になりそうな場面もあった。しかし、僕はあえて止めなかった。

先輩は、後輩に痛いところを指摘されると嫌な気分になる。そこで先輩に配慮させようとすると、成長のチャンスはついえる。腹が立っても、あえて冷静に振り返って答えてほしかった。その冷静で的確な分析と反省が、次の投球につながるからだ。

鋭い質問をするようになった投手、自らの投球を的確に分析し反省ができるようになった投手は、練習に取り組む姿勢が変わった。それが成果につながった。

コーチの仕事は、選手が自分で考え、課題を設定し、自分自身で能力を高められるように導くことだ。

本書のタイトル『最高のコーチは教えない』には、「指導者＝教える人」という常識を覆さないと、メンバーの能力を最大限に発揮させることはできない、という思いが込められている。

本書では、「教える」のではなく、「考えさせる」僕のコーチング理論と、実践方法を紹介する。

僕が取り組んできたのはプロ野球選手のコーチングだが、これはどのような世界でも通用する手法だと考えている。

部下の指導方法に悩む上司の方や、チームの育成を任されたリーダーのお役に立てば幸いだ。

ぜひお読みいただき、ご自分の世界に変換し、試してみてほしい。

目次

第2章 コーチングの基本理論…………57

第3章

第4章 最高の結果を出すコーチの9つのルール……219

第1章

なぜ、コーチが「教えて」はいけないのか

教えてはいけない理由①

相手と自分の経験・常識・感覚がまったく違う

コーチング理論の紹介に入る前に、なぜコーチが教えてはいけないのか、僕の経験を交えながら解説しておきたい。

僕が現役時代に体験した、嫌な指導方法は数えきれない。

高卒ルーキーとしてはじめてプロ野球の世界に入ったとき、コーチと自分の感覚が違うのに、その差異を話し合う機会も持たず、強制的にやらされる指導法に辟易した。

たとえば体力トレーニング。僕は筋肉の瞬発力をつけたいから短い距離のダッシュをしたかったのに、コーチはスタミナをつけるために長距離を延々走っておけと指示する。たとえば筋力トレーニング。本当は腕や足や背筋のウエイトトレーニングをしたいのに、そんなの必要ないから腸捻転になるぐらい腹筋しておけと強制される。

強制的な指導は目的を見失う

この時点で、僕の現状の課題を克服するために必要なトレーニングについて両者で話し合えば、納得して練習に取り組める。**しかし、納得できないまま強制されたら、目的を見失ってトレーニングの効果も薄れてしまう。**僕は、選手の感覚を無視して、自分の経験を押しつけてくるコーチは本当に嫌だった。

技術面でもそうだった。ピッチングのときに上げる腕の角度について、僕はある角度で上げたいと思っている。でも、コーチが僕の意見を聞きもせず、この角度で上げろと指導してくる。感覚が合わないので理解できない。理解ができなければ納得できない。納得できないままコーチの指導に従うのが嫌だった。

ミスの指摘は自尊心を傷つけるだけ

失敗をみんなの前で言われるのも嫌だった。選手は、自分のミスはわかっている。わかっていなければともかく、わかっているのに改めてみんなの前で言われると、自尊心が傷つけられ、傷口に塩を塗りこまれる。せっかく反省しているのに、選手によってはへそを曲げて、投げやりになってしまうケースもある。

僕の頭の中には、短い距離のダッシュをする明確な理由があった。僕はスタミナはある。だから瞬発力をつけるほうが効果的だと思っていたのだ。そのための方法として、短い距離をダッシュしたほうが良くなると考えていた。それが理由だ。

もちろん、コーチが僕の考えを覆すような明確な理論の裏づけのもと、長距離を走れと指導するなら、それは納得して取り組む。**しかし、理論の裏づけもなく、ピッチャーはと**

にかくスタミナをつければいいという自分の経験だけでやらされるのが嫌だった。理由を説明されないままに「やれ」と言われるのが嫌だったのだ。コーチの常識と、選手それぞれの常識は、絶対に違う。

まずは相手を観察し、話し合うことから始める

プロの世界に入ってくる選手には、やりたい方法を持っている選手は多い。違いがはっきりした時点で話し合い、その考え方は違うと論理的に説明されれば、理解し納得してコーチの指導の通りにやる。

しかし、理由も説明せず「文句を言うな、いいからやれ」と言われたら、選手はやる気を失う。ただし、やり方がわからない選手に「いいからやれ」という指導が効果的な場面もある。どちらのケースもあり得るからこそ、まずは選手を見て、選手と話し合う必要があるのだ。

そうではなく、ほかの投手と同じことをやらせる。選手によって変えようとはしない。もちろん、コーチは選手にとってよかれと思って言っている。みんなの前でミスを指摘することも、純粋に、一人の失敗からみんなが学ぶのがいいと思ってやっている。

選手のためを思って指導している気持ちはわかるが、コーチとしての伝え方が悪いと言わざるを得ない。高卒ルーキーのくせに生意気な選手だったかもしれないが、僕はこういうコーチに徹底的に反発した。

コーチが教えてはいけない理由

- コーチと相手の経験・感覚が違う
- 目的を見失ってしまう
- 自尊心を傷つけてしまう

教えてはいけない理由②

「上から力ずく」のコミュニケーションがモチベーションを奪う

厳しい生存競争が繰り広げられるプロの世界、それを生き抜いて実績を挙げたコーチは尊敬に値する。

しかし、「上から押しつける」教え方では、たまたまその指導に当てはまる選手だけにしか効果は出ない。だから、チームとして選手個人の能力を引き出す視点に立つと、その方法はギャンブルと言わざるを得ない。そうではないコーチも最近は多くなってきた。しかし、もっと増えて欲しいと僕は思う。

指導する立場にある人は、プロフェッショナルなコーチにならなければならない。

野球以外の分野、ラグビーやサッカーでは指導者になるためにライヤンスの取得が義務づけられている。**そのライセンスの講習で「選手に主体性を身につけさせて、コミュニケーションをしっかり取りましょう」と習う。**しかし野球界にはライセンス制度がない。システムとして、それを学ぶ機会がない。

コミュニケーション能力が低いと、言いたいことが伝わらない

プロに入って三年目、僕がはじめて一軍での勝利を挙げた日のことだった。

僕は試合後の興奮も冷めやらぬうちに寮に帰り、食堂で晩ご飯を食べていた。たまたま、かつて指導を受けた二軍監督が寮に泊まることになり、食事をしに食堂に現れた。僕を見つけると、その二軍監督は強い口調で言った。

「今日はたまたま勝ったけど、今日のピッチングはぜんぜんだめだ」

それから、もっとこうしなければならない、ああしなければならないと、一方的な指導が始まった。人生初の一軍での勝利に酔い、気分よく食事をしていたのに、一方的な物言

いでまくし立てる二軍監督に腹が立った。でも、監督は監督だ。

「まあ、二軍監督やし、しゃあないなあ」

黙ってありがたく聞いていたが、その「指導」は一〇分経っても二〇分経っても終わらない。徐々に腹が立ってきた。怒りが沸点に達したとき、僕はたまりかねて箸を叩きつけて立ち上がり、トレーに置いた晩ご飯をひっくり返した。

「なんじゃ、おらぁー！」

いま考えれば、口答えではない。単なる反抗だ。若造のナメた態度に二軍監督も激高してしまい「なんじゃあ、その態度はー」と言うやいなや、僕を殴り始めた。

二軍監督に失礼な物言いをしてしまった負い目もあるので、三発ぐらいなら我慢しようと思っていた。だが、二軍監督は平手で僕を殴っているうちに興奮してきたのか、いつの間にか手が「グー」になった。十発までは数えたが、それ以上は限界だった。

「なにするんじゃ、こらぁー」

僕は、本気で殴り返そうと思った。二軍監督に向かっていく。すると、周囲で見ていた先輩が僕を羽交い締めにした。

「やめとけ！」

どうやら、先輩たちは絶対に僕が殴り返しにいくと思っていたようだ。そして、僕が動き始めたらすぐに止めようと待ち構えていた。その場は、それで収まった。僕は先輩に助けられた。どんな理由があれ、選手が指導者を殴れば、選手に非がある。クビにならずに野球選手としての人生を全うできたのは、機転を利かせてくれた先輩たちのおかげである。

監督に殴りかかった僕も言語道断、意見や意思の伝え方が互いに稚拙だったと言わざるを得ない。

二軍監督は、初勝利をあげて天狗になりかけている僕に対して、プロはそんなに甘い世界ではない、もっと謙虚に精進しなさいと言いたかったのだろう。いまとなっては、その気持ちはわかる。

コーチのコミュニケーションミスから、モチベーションを下げる選手は多い。先ほどの僕のケースでは、まずは初勝利を挙げたことを「ほめる」のが先だ。そして、試合の投球について、選手がどのように思っているか「聞いて」あげなければならない。

コーチからのアドバイスは、それからだ。先に二段階のコミュニケーションがあってはじめて、選手はコーチの言葉に耳を傾ける。

教えてはいけない理由③

「余計なひと言」が集中力を奪う

現役も晩年に差しかかるころ、僕はメンタルの強さを身につけていた。ベテランとしてコーチにどんな理不尽なことを言われても、動じない自信があった。

試合前、いつものようにブルペンでウォーミングアップの投球練習をしていた。調子はまあまあ。絶好調ではないが、悪くもなかった。側に立ってピッチングを見ていたコーチが、首をかしげながら僕の投球を見ている。しばらくして、僕に近づいてきた。

「ヨシ、おまえ、そんな投げ方だったっけ？」

試合前にこの言葉は効いた。僕の感覚では、どこにも違和感はない。でも、コーチの言葉が気になる。何事にも動じないと思っていたメンタルが、もろくも崩れ去った。

「あれ？　いつもと違うのかな？」

ブルペンに入ってからは、相手チームのバッターに対する攻め方のシミュレーションをしながら投げていた。だが、そのひと言から、自分のピッチングフォームにばかり注意が向いてしまった。もうすぐ試合が始まるというのに、僕の集中力はゼロになった。

試合が始まっても、やはりピッチングフォームばかりが気になり、バッターに集中できない。初回で打ち込まれ、ノックアウトを食らった。

コーチは自分の言葉の重みを自覚しなければならない

そのコーチは、僕のピッチングフォームが崩れていると分析し、それを指摘したわけではない。深い考えもなく、ふと思ったことを口に出しただけだと思う。

しかし、コーチは自分の発する言葉の重みに自覚的にならなければならない。深く考えずに言った言葉が、選手の精神状態をかき乱すこともある。

同じ言葉でも、若い選手と中堅の選手とベテランの選手とでは、受け止め方は違う。同じ若い選手でも、能力の高い選手と並の能力しか持たない選手では、捉え方が異なる。コーチが発する言葉には強い影響力があるのだから、選手がどのように受け止めるかを慎重に考えてしゃべる必要がある。

僕もまだ修業中のコーチなので、うまくできていたかどうかわからない。ただ、使っていい言葉、使っていい場面を探しながら指導に当たっていた。選手によっては、同じ言葉でも受け止め方が変わる。それを判断するには、選手を観察し、選手と話し、選手の性格とパフォーマンスの状態を見極める必要がある。コーチは、選手を自分の目で見て抱いた印象、話したときに感じたイメージが、使う言葉を選ぶ根拠になる。

ピンチの場面で僕がマウンドに行くこともあった。ピッチングコーチとして、ベンチの指示を伝えに行くためだ。しかし、選手によっては打ち込まれた状況にパニックに陥り、こちらの指示を伝えても頭に入らない選手もいる。そういう選手の心を落ち着かせ、指示を聞ける状態に戻すためには、細かい指示よりも、漠然とした励ましの言葉のほうが効果的なこともある。反対に、細かい指示を出したほうが冷静になれる選手もいるので、選手によってどのような言葉をかけるべきか、常に考えていた。

相手を信頼し、やる気を出させる言葉を使う

選手をやる気にさせるとき、僕はこんな言葉を使った。

「ほな、やりなはれ」

上から「やれ」とは言わない。選手に「おまえはどうしたい？」と聞いて、選手が自分の考えを口にしたら「ほな、やりなはれ」という。こちらにプランがなく、選手を信頼しているいる場合は、物事の判断を選手に一任する。コーチとしては「好きにやりなはれ」としか言いようがない。

「いっとこか」

練習のときはよくこの言葉を使った。僕としては「それはおまえ次第だぞ」という意味を込めていた。やらなくてもいいけれど、やってもいい。どちらにも解釈できる言い方で

ある。相手に選択権を渡し、主体性を発揮させるためにも言い方の工夫が必要だ。

もしかしたら、大阪弁のいいところかもしれない。標準語で「やりなはれ」「いっとこか」のニュアンスを出せる言葉は、僕の知る限り見つからない。たとえば「がんばれ」と言われるより「がんばりなはれ」と言われたほうが、主体性を持って取り組む動機づけができる。選手はコーチに「やらされている」感覚になると一気にやる気を失う。言葉を使い分けることで、選手の主体性を引き出すこともコーチの重要な仕事である。

ただでさえ、コーチと選手には「社会的勢力」の違いがある。社会的勢力とは、人々の行動に大きな影響を与える潜在的能力を指す社会心理学用語だ。年齢や実績の差を考えると、どうしてもコーチの社会的勢力が上になってしまう。

しかし、コーチングの基本は選手に主体があることだ。コーチが強い言葉を使いすぎると、上下関係が余計に強調され、味方であるはずのコーチが、選手にプレッシャーをかけることになってしまう。それは注意しなければならない。

少し前は、ＮＨＫの大河ドラマ「真田丸」で、真田幸村が使っていた「おのおの、ぬかりなく」という言葉を使っていた。言葉は何でもいいが、選手たちに届き、自分が主体的に動こうと思わせるような言葉を選んだほうがいい。

コーチングの基本は相手が主役

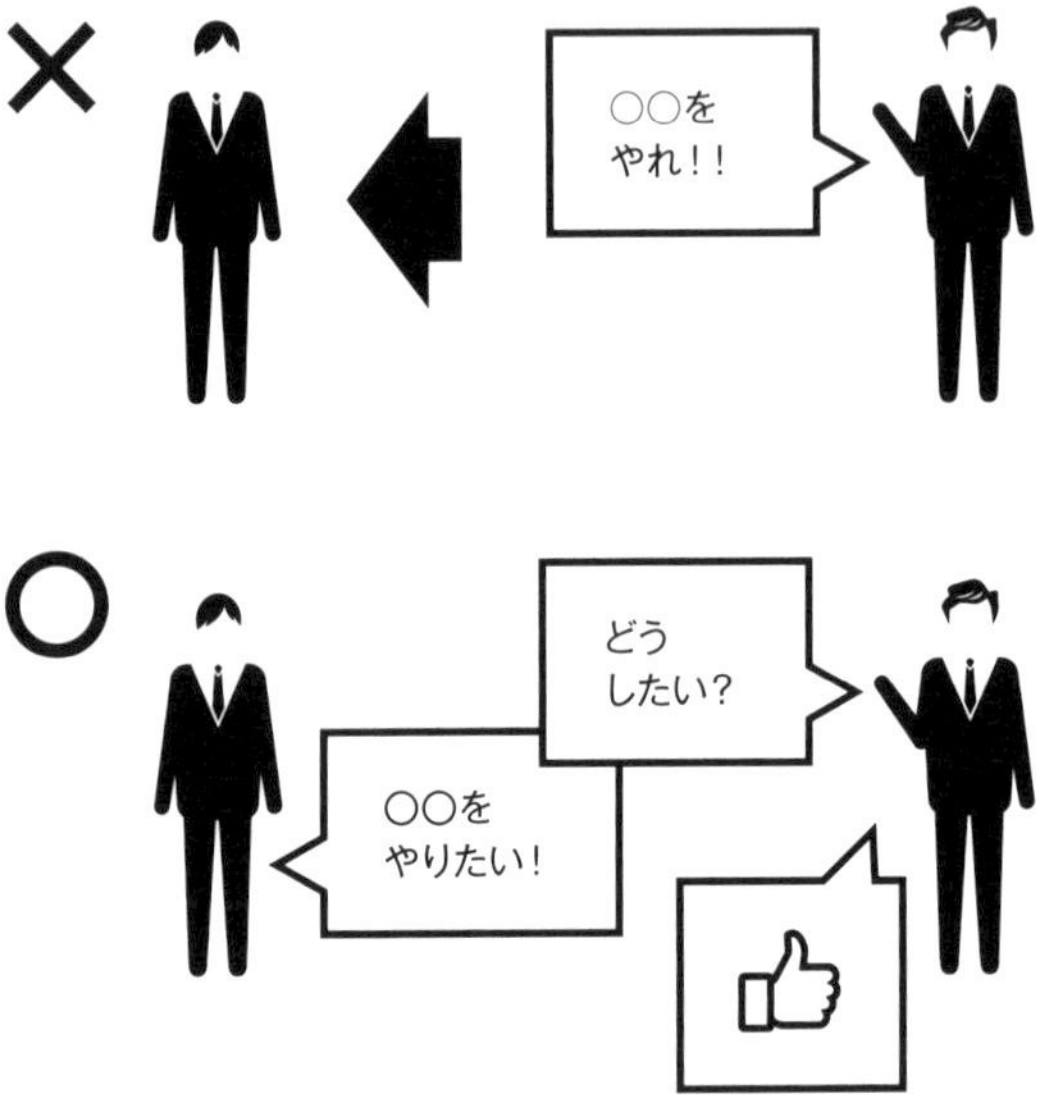

相手の主体性を促す言葉をかける

教えてはいけない理由④

「悪いアドバイス」がパフォーマンスを低下させる

僕が二軍のコーチをしているときの話だ。

球が速く、調子が良ければものすごい球を投げる抑えのピッチャーがいた。しかし、彼は体の使い方が決して上手ではなく、魚が陸に打ち上げられたときのように、ピチピチと跳ねているような力みがあった。力のコントロールなど巧みにできるはずもなく、常に全力投球しかできない。

試合では、マウンドで力むと急にストライクが取れなくなり、安定感はまったくない。

その姿を見て、僕は自分の経験から、この投手は二割ぐらい力を抜けばうまくいくのではないかと想像した。

「あのさ、もうちょっと力を抜いたほうがいいんじゃないか？　マウンドに上がったおまえは一二〇の力が出てしまう。六〇ぐらいの力で投げればちょうど一〇〇ぐらいになっていい具合になるだろうから、一度そんな感覚で投げてみな」

その選手も、力んでしまう自分の欠点を自覚していたので、納得した。

「そうですね。僕もそう思っていました。やってみます」

そう言って練習に戻ったが、見ていると三〇ぐらいの力で投げている。練習だから三〇ぐらいの力でもいい、試合になればどうしても力が入るものだから、ちょうど良くなるだろうと思っていた。

ところが、試合でも三〇から四〇の力で投げている。いつもはマックス一五〇キロのスピードが出るストレートが、一二〇キロぐらいしか出ない。たしかに力みはないからストライクゾーンには投げられる。でも、バッターにとっては打ちごろのスピードなので、面白いように打たれる。これはまずい。彼を呼んだ。

「力が入ってないように見えるで。フニャフニャやん。どんな感覚で投げてんの？　あれでええんか?」

「はい！　メチャメチャいい感じです！」

いいわけがない。試合後、すぐにビデオを見せた。

「試合では、こんなふうになってんねん」

「えっ?」

ようやく彼も、自分のピッチングに力が入っていないことに気づいた。

「あのな、おまえにはこのアドバイスは向いてへんから、もうやめよう。明日から、元に戻そうか」

だが、元に戻そうとしても元に戻らない。ピッチングのときの力加減がわからなくなってしまったのだ。それからは結果が出せず、シーズンが終わるとトレードに出された。移籍先でも一年で解雇され、彼のプロ野球選手としての人生は終わった。

アドバイスは邪魔なものだと肝に銘じる

僕のアドバイスが、彼の野球人生を狂わせてしまった。コーチとして最低のアドバイスをしたと、反省と焦りが生まれた。彼が球団に戻ってフロントの仕事をするようになったことだけが、不幸中の幸いだった。路頭に迷わなくてほっとしている。

彼と同じアドバイスをして、正確に理解し、思い通りに身体を動かせる選手もいる。言葉の理解力が高く、理解したように身体が上手に使えるかどうかの差だ。つまり、頭で考えたことを、身体をうまくコントロールして実現できる能力があるということだ。

プロ野球選手になれるぐらいの選手だ。多くの選手は頭の中のイメージにそこそこ近い動きはできると思う。しかし、時おりまったくできない選手がいる。例に挙げた選手だけではなく、今のファイターズの中にも何人かそういう選手がいる。

これまでコーチとして関わった選手の中で、完璧にできるのはシカゴ・カブスのダルビッシュ有選手のほかに見たことがない。ほかの選手ができるといっても、ダルビッシュ選手との間には圧倒的な差がある。日本のトップ選手が集まるプロ野球界でも、他人の言葉を自分の感覚に変換して完璧に再現できる選手はほとんどいないのだ。

コーチのアドバイスは、本来、選手にとっては邪魔なものである。だからこそ、コーチは自分の経験に基づいた言葉だけでアドバイスするのは避けるべきだ。選手の言葉の感覚をしっかりとつかみ、その感覚でアドバイスしてあげなければならない。

簡単に言えば「わかる」と「できる」の違いだ。言っていることはわかるが、咀嚼できない、腹に落ちてこないのは、その選手の言葉の感覚に近づけていないからだ。だからこそコーチは「その選手だったらどう思うだろう」と想像する能力が求められるのだ。技術指導、とくにピッチングのような感覚的な動きを教えるのは難しい。

選手の言葉の感覚をつかむのは難しい。だから、できるだけ選手と話す機会を持ち、できるだけ多くの言葉を選手に語らせる。その都度、彼が口にする言葉の感覚を細かく把握していく。選手からすれば、面倒くさいコーチと思われるだろう。しかし、これは選手にとっても意味があることだ。自分のパフォーマンスを頭で理解できないし、言葉にはできない。頭で理解できないことは、身体でも表現できない。

「パッとやってグッとやってブッとやる」

自分の動きをそんな意味不明の言葉でしか語れず、にもかかわらず飛び抜けた結果を残せるのは、ほんのひと握りの天才だけである。

教えてはいけない理由⑤

一方的な指導方針が、現場を混乱させる

言葉の感覚と似ているが、コーチが「自分ができるから選手もできる」と考えるのは誤っている。できない人にできる人が歩み寄らないと、つまり、指導する側が指導される側に歩み寄らないと、正しい指導はできない。

ただし、よくいわれる「選手のレベルまで下がってあげる」という意味ではない。コーチが選手のレベルに下がるという言い方は、僕は好きではない。あまりにも選手を見下していているし、それほどコーチのレベルが高いとも思っていない。

上からのレベルの高い言葉は「翻訳」して現場に伝える

二〇一五年、福岡ソフトバンクホークスで投手コーチとしてブルペンを担当した。そのときの監督は工藤公康さん、メインの投手コーチは佐藤義則さんだった。二人とも、現役時代は超一流のピッチャー、レジェンドだ。選手から見れば、どうしても社会的勢力の差が大きくなる。叱責されると委縮し、一気にモチベーションが下がってしまうこともある。

しかも、アドバイスのレベルが選手のレベルを大きく超えてしまうこともしばしばあり、内容が理解できないため混乱する選手も中にはいた。僕がホークスにいた一年間は、選手たちに「何でも質問に答えるので、参考書代わりに使ってよ」と言った。レジェンドの指導内容をわかりやすく「翻訳」する役割に徹しようと思ったからだ。それでも、選手によってはレジェンドに指導されたアドバイスを実行したくない、違うことをやりたいという意見も出てくる。そういうときは、こっそりと「おまえの思うとおりにやっていいよ」と言っていた。

ただ、僕自身もあの二人と一緒にいて、ものすごく勉強になった。僕が知らないことを数多く知っているし、独自の考え方は非常に参考になる。**指導者の言っていることが理解できない、ビッグすぎて怖いと毛嫌いするのは、選手にとっても大きな損失になる。**手前みそだが、だからこそ僕のような「翻訳者」の存在が非常に重要になる。

これは、ビジネスの現場でも起こりうることではないだろうか。

社長や役員などマネジメントレベルの人が言ったことを、部長や課長がただスピーカーのように部下に伝えるだけでは、部下は正確な趣旨を理解できない。翻訳者がいてはじめて伝わることもある。コーチは、そういう役割も担うべきだ。

本来は、部下が上司の言うことを正確に理解する能力を身につければいい。しかし、それができない人、あるいはまだそのレベルに達していない人もいる。そういう場合は、状況を見てコーチが翻訳者の役割を担うべきだと自覚して、積極的に引き受けるべきだ。

コーチがやってはいけない最大の失敗は、コーチが発した言葉で選手を混乱させることである。**相手が理解できない言葉で、相手に何かを伝えても意味がない。**

以上が、コーチがいわゆる「教える」という行為をしてはいけない理由だ。では、コーチがやるべきこと、「コーチング」とは何か。次章から紹介していく。

コラム：影響を受けた指導者①

自分で考えさせる～箕島高校・尾藤公監督

このコラムでは、僕がコーチングをするうえで影響を受けた指導者たちを紹介していく。彼らに共通するのは、選手とのコミュニケーションの取り方がうまいという点だ。人によって方法は違うが、誰もが選手の心をつかんでいた。コーチングをするうえで、コミュニケーションはもっとも重要なポイントになる。

結局、選手を第一に考え、選手のやる気を引き出すのも、コミュニケーションから始まる。アドバイスに耳を傾けさせるにも、コミュニケーションがうまくいかないと選手は聞くための準備ができない。やり方を間違えると、選手はおかしな方向に進んでしまう。

人のタイプは千差万別だから、方法は一つではない。

一人ひとりとうまくコミュニケーションを取り、自分の課題を自分でクリアしていく思考方法に導くに当たり、ここで紹介する監督たちのコミュニケーション術を、参考にしてみてほしい。

※　※　※

一九七〇年代後半、僕が在学していた箕島高校は全国屈指の野球強豪校だった。監督の尾藤公さんは、甲子園のベンチではいつもニコニコしていた。その様子を見たマスコミから「尾藤スマイル」と命名され、選手に伸び伸びと野球をやらせる監督として全国的に有名だった。

しかし普段の尾藤監督は、非常に厳しかった。とくに、人としての常識にはうるさかった。僕は電車通学をしていたが、ある日野球部の連中と練習帰りの電車の中で、大声で歌合戦を始めた。乗り合わせたお客さんは、さぞ迷惑だっただろう。おそらくその人たちの誰かに学校に通報され、事態が発覚した。翌日、グラウンドに行くと監督に呼ばれた。

「おまえら、そんなに歌うのが好きなら、好きなだけ歌わせてやる」

年上だった僕が代表としてスコアボードの前に立たされ、校歌を朝から晩まで歌わされた。

血気盛んな高校生、時には喧嘩をすることもある。チームのある選手たちが喧嘩をして、それが監督にバレた。翌日、学校に行くと、グラウンドにボクシングのリングのようなものがつくられていた。嫌な予感がしたが、案の定尾藤監督に呼ばれた。

「おまえら、そんなに喧嘩がしたいなら、俺が見といてやるから、今すぐそこで殴り合え！」

殴り合えるわけがない。彼らがじっと立ち尽くしていたら、監督にボコボコに殴られた。それぐらい、厳しい監督だった。

放任されることで、主体性が身についた

もちろん、日々の練習も厳しかった。しかし、それはすべて野球選手としての基本的な内容だった。守備の基本、走塁の基本、バントについては、厳しく教えられた。基本的な

練習はピッチャーもやらなければならないので、僕もヒーヒー言いながら取り組んだ。

しかし、ことピッチングに関してはまったく違った。

「ピッチャーのことに関しては、俺わからへんから、おまえらで勝手にやれ」

本当にわかっていなかったのか、知っているのにあえて知らないフリをしたのか、すでに亡くなった今となっては確認するすべはない。しかし、先輩たちの様子を見ていると、昔からずっとそうやってきたように見えた。ピッチャーの練習メニューは、先輩たちがすべて考えていた。一日に投げる球数も、すべて先輩が管理していた。

野手についても、バッティングについては「とにかく打て」としか言わなかった。バッティングを細かく指導する尾藤監督の姿を、一度として見たことはない。

守備と走塁とバントは、基本を厳しく徹底し、練習量さえこなせば誰でもできる。ところが、投げる、打つという感覚的な部分は、教えられないし、教えても伝わらないと思っていたのかもしれない。だとしたら、ピッチングもバッティングも、自分で考えてやるしかない。**選手に自主性や主体性を持たせるため、監督はそういう方法を取っていたのかもしれない。そのおかげで、僕は高校時代から自分で考えるのが当たり前だという感覚を持っていた。**全国屈指の強豪校で、こういう学校は珍しいと思う。

プロ野球選手になって、僕はコーチの言うことを盲目的には聞かなかった。自分で考えて納得したものだけしかやりたくないと考える姿勢が最初から身についていたのは、高校時代の尾藤監督の指導のおかげだ。プロ野球時代のコーチには迷惑な話だったかもしれないが、おかげで自分のことを自分で守れたと思っている。

はじめてコーチになったとき、指示を出さないと何もできない選手が多いことに気がついた。このとき、尾藤監督の指導の素晴らしさを改めて知った。自分で考えられる選手になってほしいという今のコーチングスタイルになったのは、尾藤監督の意思を引き継いでいるのかもしれない。

感謝の気持ちをお伝えする前に、監督は亡くなってしまった。僕のプロ野球人生、コーチとしての人生のベースには、尾藤監督の存在がある。

厳しくしたあとは、裏でフォローしバランスをとる

僕はもともと中学校の一年生で野球部に入った。ところが、先輩・後輩の上下関係の厳しさに耐えられず、すぐに辞めてしまった。陸上部に入り直し、円盤投げに取り組んだ。僕に合っていたのか、和歌山県大会で優勝し、近畿大会でも準優勝した。

中学陸上界では、それなりに目立つ存在だった。にもかかわらず、まったく女の子にモテなかった。将来有望とみられていたので、強豪高校から勧誘もあった。でも僕は、円盤を投げても、楽しいハイスクール生活は送れないと思ってしまった。

（女の子にモテるには、野球しかない）

そう決意し、中学二年生の夏ごろに野球に復帰した。円盤投げは続けたが、ボーイズリーグにも入って野球も並行して取り組んだ。

中学卒業が迫り、進路を考える時期になった。どうせ野球をやるなら、強いチームに入りたい。そう考えた僕は、地元和歌山の箕島高校を選んだ。

箕島高校は県立高校なので、学区が決まっていた。学区外から入ろうと思えば、引っ越

しをして学区内に住まなければならない。そうまでして入ってきた選手もいたが、どういうわけか高校では伸びなかった。主力として活躍したのは、もともと学区内に住んでいる選手ばかりだった。それほど、野球の盛んな地域だったといえる。

その中で、僕は三年生になってずっとエースナンバーをつけていた。だが、最後の夏の大会前、まったく調子が上がらなかった。練習試合でも、格下の相手に打ち込まれてしまう。尾藤監督は僕に気合いを注入するためか、ユニフォームのエースナンバーをむしり取った。

「理人、好きな番号つけとけ」

そう言って、僕がつけていたエースナンバーを二年生の選手に渡した。監督は、今だったらパワハラと騒がれるような厳しい仕打ちをして、僕が奮起するのを待った。僕は悔しくて悔しくて、しゃかりきになって練習した。監督の思惑通りになった。

とはいえ、背番号をむしり取られたのは恥ずかしかった。家族に話せず、自分で新たな背番号をつけようと裁縫箱を持ち出した。慣れないことをやっても、うまくいくはずがない。諦めて母親に頼むと、何も聞かずに黙ってつけてくれた。

あとになって聞いたところ、その日の晩、監督から家に電話がかかってきたという。

「理人、どうしとる？」

「あ、なんか自分で背番号縫うてます」

「実は、喝を入れるために背番号むしり取ったんや。元気出すよう言うたってくれ」

母親に背番号をむしり取った理由を伝え、僕の様子を注意して見てほしいと言ったそうだ。**監督は、選手本人にはそういうことは言わず、それとなくフォローを入れる。**そういうことをしてくれる人だった。

現役当時はそうとは知らず「あのくそおやじ」「面倒くさいおっさん」としか思っていなかった。でも、監督の術中にまんまとはまり、必死に頑張った。

選手に怒ったり厳しくしたりして奮起させるのも、すべての選手に同じことをやっていたわけではないようだ。**その選手の性格をしっかりと把握しないと、間違った叱り方をしてつぶれる選手も出てしまう。**そういう意味でも、尾藤監督は教え子たちのことをすべて見抜いていた。僕の野球人生、コーチ人生を考えるうえで、地元にこんなにも素晴らしい指導者がいて、その人に巡り合えたのはラッキーだった。

叱るべきタイミングとは、「手を抜いたとき」だけ

今の僕は、まだ尾藤監督のようにはできない。選手の叱り方は本当に難しい。プロ野球のコーチとして一〇年近くを過ごしたが、選手を本気で叱ったのは二度か三度だ。一度はある投手が試合中、どんな球を投げても打たれる気がすると、投げやりな姿勢になった。

「投げたくないんだったら、代えたるぞ！」

そう言うと、何やらブツブツ不平を言い始めたので、堪忍袋の緒が切れた。

「おまえな、投げたいヤツなんていくらでもおんのやぞ！　そんな気持ちで投げるんやったら、とっとと帰ってまえ！」

僕の剣幕に気づいた梨田昌孝監督が、血相を変えて飛んできた。

「ヨシ、絶対に殴んなよ！」

本人は殴らなかったが、ベンチ裏の壁を拳で殴った。それを見た選手も気合が入ったようで、そのあとしっかりと抑えてチームの勝利に貢献した。

尾藤監督のように計算して叱ったわけではない。感情に任せて叱ってしまったので、僕

としては「やってもうた……」という気持ちだった。今はさすがに、計算して叱るようにしている。

ただし、選手の技術的なミスで叱ることはない。コーチになってすぐのとき、野村克也さんに質問しに行った。

「野村監督、選手を叱るときはどんなケースがありますか？　僕、叱り方がわからないんです」

野村さんは、いつもの調子でボソッとつぶやいた。

「そんなん簡単や。手ぇ抜いたときや。でもな、選手のミスは絶対に叱っちゃあかん。本気を出さんとき、手ぇ抜いたとき、そんときだけ怒れ」

振り返ると、尾藤監督の姿勢とまったく変わらない。指導者を極めた人の言うことは、基本の幹は共通しているものだ。

第2章
コーチングの基本理論

主体は選手。個が伸びれば組織は強くなる

この章では、僕が筑波大学で学び、プロのコーチ経験を通して築いてきた、コーチングの基礎理論を紹介する。

現代の野球は、限りなく個人競技に近い団体競技である。

プロ野球界はコーチが主体になり、コーチが自分の手柄を挙げるために指導をしている面がみられる。コーチの力が強く、威圧的で、選手はコーチの言うことさえ聞いていればいいというイメージがある。

しかし本来、主体はコーチではなく選手である。選手が最大限の能力を発揮できるように、選手がどのように競技をしていきたいかを中心に考えるのが、コーチングの基本的な考え方だと思う。

チームのための自己犠牲は必要ない

メジャーリーグを見ていると、個々の力を十分に発揮させたうえで、チームとしてもまとまっている様子がひと目でわかる。チームとしての大きなルールはあるが、日本のように細かくはない。

監督の采配、サインは絶対だが、四番バッターにバントさせるような指示は出さない。四番バッターの役目は、バットを思い切り振って長打を狙い、得点を奪うようなバッティングをすることだからだ。

たとえば一点差で負けている九回の攻撃で、ノーアウト・ランナー一塁の場面で四番バッターに打席が回ってきたとする。日本の四番バッターだったら、自分が犠牲になってもチームのためにバントをしようと考える。本心ではそう思っていなくても、チームを優先させる思考がしみついているからだ。

しかも、本来は長打を狙える四番バッターが、自己を犠牲にしてランナーを進塁させた姿に、美しささえ見いだすのが日本人の特性だ。選手もそれをよくわかっていて「チームのために自分が犠牲になりました」というニュアンスのアピールをする。

しかし、メジャーリーグでは、四番バッターにバントをすることは求められない。サインもなく自らバントしたとしたら、四番バッターは与えられた役割を放棄したとみなされ、逆に怒られる。

四番バッターの役割は長打をもたらすことだ。犠牲バントをする役割など求められていない。だからもし、仮に三振してランナーが進塁できなくても、監督やコーチはもちろん、ファンからも批判されるようなことはない。

例外があるとすれば、シーズン終盤で優勝がかかっているときと、プレーオフの一発勝負のときだけだ。ランナーを進塁させたほうが優勝に近づく場合は、四番バッターでもバントをさせたり、状況によっては右打ちをさせるが、それ以外の状況ではさせない。

この考え方の相違は、日本のアマチュア野球の大会がトーナメント制が中心で、アメリカの場合はリーグ制が中心だからかもしれない。

日本は「負けたら終わり」だが、アメリカ人にはその感覚がない。自分を犠牲にしてまで一点を取る必要性が、アメリカ野球のシステムには存在しないのだ。

つまり、メジャーリーグの「ここぞ」という場面が、日本のプロ野球の場合は「毎回」になってしまう。**それが当たり前になっていることで、チームの勝利を必要以上に優先させる考え方が定着したのかもしれない。**

個々人が才能を発揮したとき、チームは強くなる

チームのために、個人が犠牲となるプレーをした選手がほめられる風潮のままでいいのか。

この疑問は、僕の頭の中にずっとある。

だから、青山学院大学の駅伝チームの原晋監督が「個人がそれぞれ色を出して、それがまとまって青学の色になればいい」という趣旨の言葉を語ったとき、この考え方がプロ野球に広まればいいとさえ思ったほどだ。

コーチとしては、個人とチームがうまくまとまるように指導していかなければならないだろう。

翻って、ビジネスの世界はどうだろうか。

ビジネスパーソンも、プロフェッショナルだ。**だから、僕は組織として求める能力よりも、個人が持つ能力を上げることを優先させたほうがいいと思う。**そのためには、ビジネスの世界でもコーチが必要だ。コーチが、ビジネスパーソン個人の能力を伸ばしつつ、同時にうまく組織としてまとまるように導いていけばいいと思う。

僕は野球の世界から出たことがないので、ビジネスの世界はわからない。しかし、どのような組織でも、個人が任されている仕事の質が上がれば、組織の力も上がるはずだ。

だからこそ、個人の能力を上げるようにコーチングをすることが必要なのだ。個人の能力が高まるような課題を与え、モチベーションが下がらないように気を配り、課題を達成したら、さらなる高みに上りたいと思わせるような環境をつくる。それが組織がまとまる力につながり、組織力を高めるエンジンになる。

あらゆる世界で、コーチングが重要な役割を占めることになる。まず本書では、コーチングの基本的な考え方を紹介していきたい。

専門的な技術・知識を教える「指導行動」

コーチが行う指導は、選手個人のパフォーマンスを上げるための「指導行動」と、選手のモチベーションや練習の取り組み方、設定課題の質を向上させるための「育成行動」に分割できる。

指導行動を端的に言えば、技術的なスキルを教えることだ。僕の担当するピッチャーに関するコーチングで言えば「ピッチングフォームを教える」「トレーニングのやり方を教える」「配球のやり方を教える」「マウンド上におけるメンタルのつくり方を教える」など、その競技特有の専門的な知識や、トレーニングの知識などの伝達と教育が該当する。

まず、何も知らないレベルの低い対象者には、基礎的なスキルの指導から始める。新入社員が会社に入ってきたときに、社会人のマナーとして名刺の渡し方から挨拶まで、まずは必要最低限のことから教える。それと同じ発想だ。

個々人に合わせたオーダーメイドで指導行動を実践する

だが、少し経験を積んだ対象者に対しては、そういうわけにはいかない。対象者によってタイプ、スキルの習得度、フォームなどがまったく異なるため、おのおの鍛える場所も違ってくるからだ。

たとえば配球に関しても、そのピッチャーが持っている球種によって違ってくる。仮に球種が同じでも、変化球の曲がり方やストレートの質によって違ってくる。メンタル面も、個人の性格によってかなり違う。

したがって、完全に一人ひとりに対してオーダーメイドで対応していくのが、指導行動の本質である。

一つのケースを紹介する。ファイターズのある若手投手が、投球のときに左膝が出てしまう癖をメディアから指摘された。投手としては重大な欠点だが、それを指摘されることを、本人が非常に嫌がっていた。技術的な課題を、本人が認めたくなかったからだ。

この場合は、欠点をストレートに指摘すると選手がモチベーションを下げてしまう。したがって、モチベーションを下げない工夫を凝らした指導が必要になる。

僕は、課題となっている左膝の部分には直接触れずに、ほかの点を修正していくことで、知らず知らずに課題となっていた左膝を修正するという作戦を取った。結果的に、選手のモチベーションを保ったまま、課題を修正することができた。

このケースでは、欠点を直接指摘されることを嫌がるプライドの高い選手であることをコーチが見極め、間接的に課題を修正するアプローチを取った。しかし、直接指摘したほうが効果がある素直な選手もいる。だから、個々人の性格・気質を理解し、指導方法を変えなければならない。

指導行動と育成行動

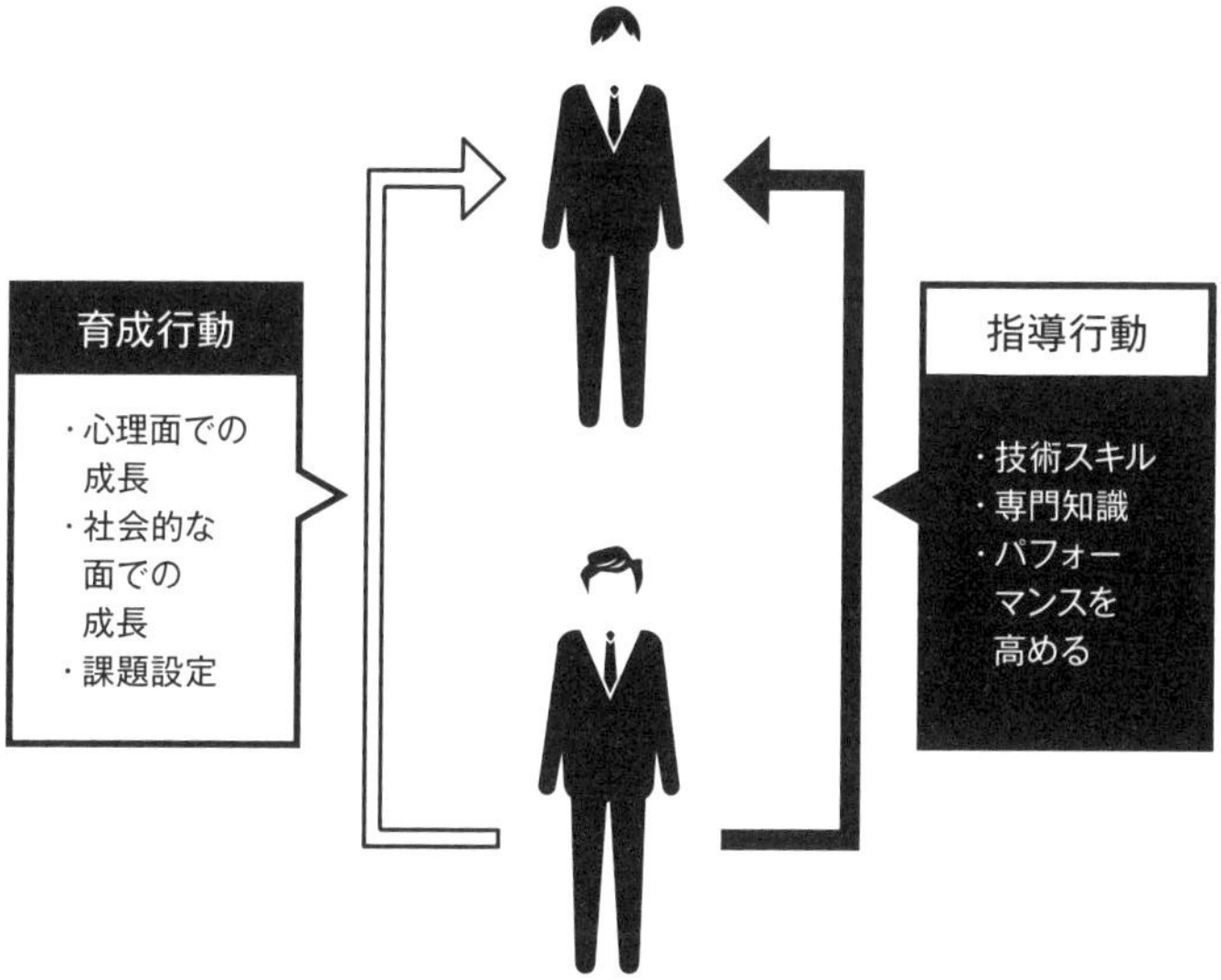

指導行動は業界・組織・相手のレベルや性格に応じてオーダーメイドする

指導行動は、普遍化が難しいコーチング技術である。個人のタイプによって、また属する組織・業界の違いによっても指導するスキルやポイントは異なるからだ。

むしろ、より普遍化できるのは、これから説明する「育成行動」のほうだ。

心理的・社会的な成長を促す「育成行動」

「育成行動」とは、技術ではなく心理的、あるいは社会的な面において個人の成長を促す行動だ。

心理面で重要なのはモチベーションだ。個人のモチベーションの高め方には、さまざまな方法がある。

たとえば、自分と同レベルのある人物を、「仮想ライバル」に設定する方法がある。「あいつには負けたくない」「あいつに勝ってみんなに認められたい」という心情を利用し、モチベーションを上げる方法だ。しかし、この方法は誰にでも使えるというわけではない。

仮想ライバルに負けたとき、「ちくしょう、負けてたまるか」と、さらにモチベーションを高めて向かっていく選手もいないわけではない。しかし、失敗して自信を失い、「やっぱり、俺はダメなんだ。あいつには勝てないんだ」と、むしろモチベーションを下げてしまう選手もいる。僕の経験では、落ち込んでしまう人のほうが多い。

ここで諦めの気持ちが芽生えてしまうと、次にモチベーションを高めようとしても、なかなか上がらなくなってしまう。

また、現実問題として、反省もしにくい。なぜ負けたのかを分析しようと思っても、負けた要素は仮想ライバルとの比較でしかないからだ。つまり、ある行動が個人にとって成功だったのか、失敗だったのかは、非常に見えにくくなる。

ライバルをつくってモチベーションを高める方法を否定するつもりはない。その人に合っていて、過度にのめり込みすぎなければ大きな問題にはならないと思う。しかし、モチベーションを高める効果は安定しないというのが実情だ。

小さな課題を設定し、成長のスパイラルをつくる

これに対し、簡単で小さな課題を設定し、小さな成功を継続的に積み上げていく方法がある。僕は、この方法がもっともモチベーションが上がるやり方だと思っている。課題をクリアできたときに達成感が得られ、それが新たなモチベーションにつながり、そのモチベーションが次のステップに上がるより高度な課題を設定する動機づけに直結し、成長のスパイラルに入っていきやすいからだ。

それに、課題をクリアできなかったとしても、原因を特定しやすい。練習のやり方が間違っていたのか。練習量が足りなかったのか。そもそも課題の設定が間違っていたのか。原因が明確になれば、軌道修正をしたうえで新たな課題に立ち向かっていくモチベーションが生まれる。

まずはコーチが課題の設定の仕方を教え、次に対象者が自分で課題設定できるように促す。それにより、設定する課題自体が、個人にとって能力を高めるのにより効果的なもの

となる。

課題設定⇩振り返り⇩新しい課題の設定というサイクルが習慣になるまで徹底的に繰り返すといい。

スポーツ心理学を専門とする国士舘大学大学院スポーツ・システム研究科の中込四郎特任教授も、その著書『よくわかるスポーツ心理学』（ミネルヴァ書房）の中で課題を設定していく方法がモチベーションを高めていくと書いている。

ただ、実際の運用には注意が必要だ。クリアしやすい課題から始めるべきなのに、どうしても難易度の高い課題を設定してしまうからだ。大切なのは、現在の自分のレベルを知り、そのレベルで無理なくクリアできる課題を設定することだ。何度トライしてもクリアできないような難易度の高い課題を設定すると、それがかえってモチベーションを下げる要因になってしまう。

課題設定のポイントは、課題を解決するために必要な要素が、すべて自分でコントロールできるもので構成されていることだ。その前提条件がなく、運や天候、あるいは個人では対処できない外部要因など、予測不可能な条件が入ってくる課題を設定してはいけな

課題設定のサイクルをつくる

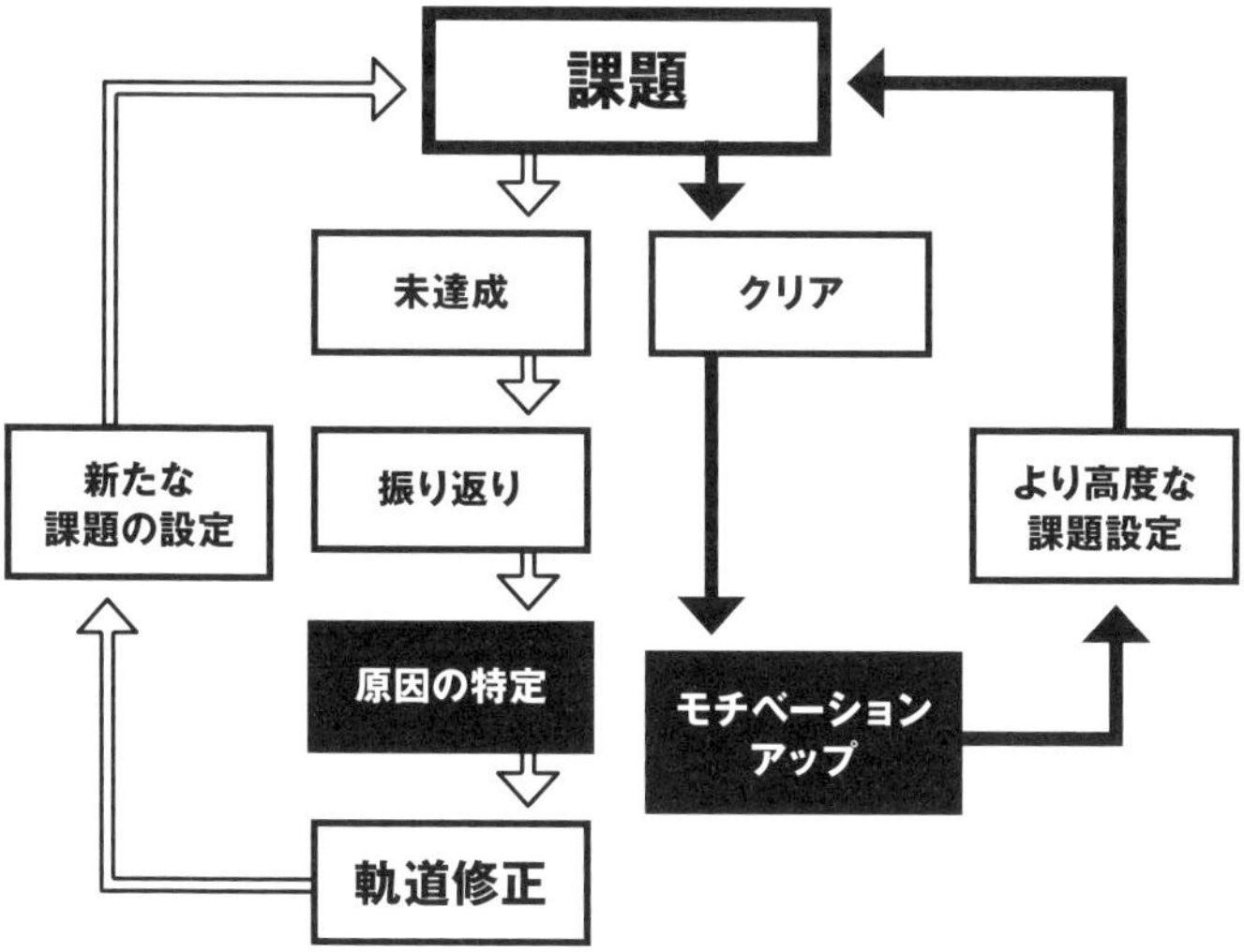

課題解決に必要な要素は
すべて自分でコントロールできる
ものにする

い。クリアできるかできないかが、その人の現在のレベルとはまったく別の問題になってしまうからだ。

選手が自分でコントロールすることが可能で、失敗してもやり直しがきくような課題を設定し、モチベーションを高めるような指導をするのが、コーチが行う育成行動の本当の役割である。

成長を促す「課題の見つけ方」を指導する

選手個々の課題を設定する第一段階では、コーチが主導権を握りながら、選手に課題設定の仕方を教えなければならない。

対象となる選手の身体能力、現状の技術レベル、性格的特性などを慎重に見極め、選手とコミュニケーションを図りながら、適正な課題を見つけていく。この段階では、選手の思いつきをあまり尊重しすぎないほうがいい。

たとえば、高校球児に現在の自分の課題について聞いてみたことがある、その球児が挙げたのは、ホームランバッターとして急成長中の、ニューヨーク・ヤンキースの二番バッター、アーロン・ジャッジ選手のようなバッティングをするというものだった。

もちろん、将来の夢、大きな目標として掲げている限りは、間違いとはいえない。しかし、高校生が設定する課題の難易度としては、過度に高すぎる。

むしろ「一試合で最低一本のヒットを打つ」など、はじめは難易度の低い課題から始めたほうがいい。その課題をクリアしたら、次にもう少し難易度の高い課題を考え、トライし、達成するというように、難易度を少しずつ上げていく方法を取るべきだ。

適正な課題を設定するとき、コーチに必要なのは我慢である。アマチュア野球に取り組む一般のバッターが、ジャッジのようなバッティングをしたいと夢見てもいい。しかし、その夢を課題として設定するのはあまりにも無謀である。歩き方を知らないのに、走ろうとするようなものだ。

コーチは、選手が難易度の高い課題（＝夢）に挑戦する前に、クリアしなければならない課題があることを根気強く説得し、理解させ、納得させなければならない。そして、その選手の現時点のレベルから難易度の高い課題に到達するまでにクリアすべき課題を分解し、順を追って示さなければならない。

課題を分解する

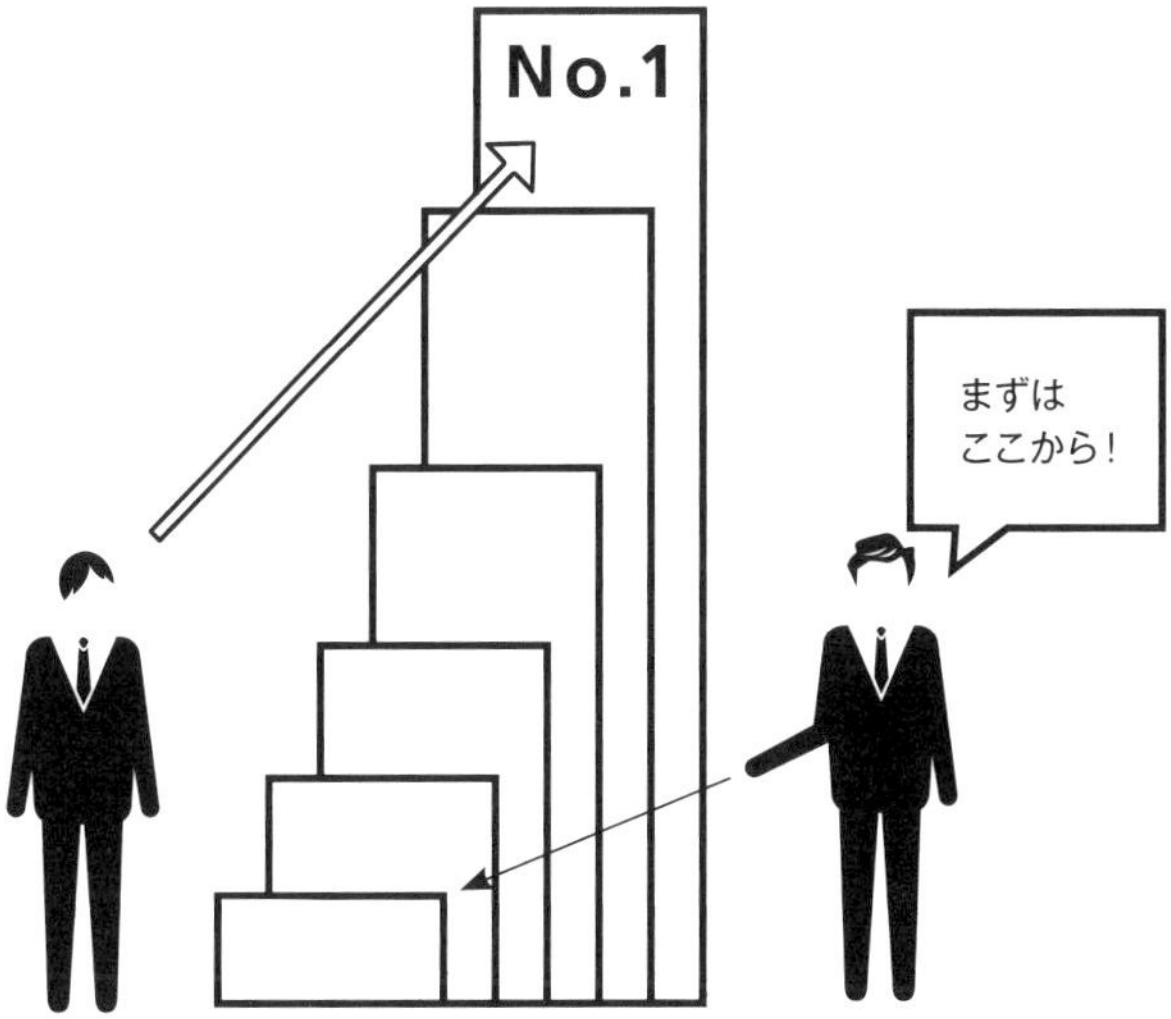

難易度の高い課題（＝夢）の前に
クリアするべき課題を示す

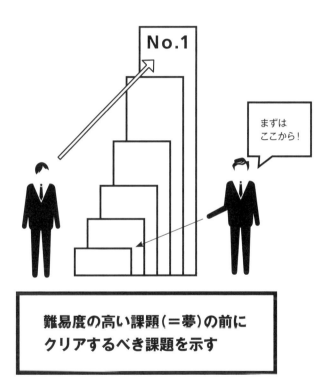

自分に合った適切な課題を見つけるように誘導する

もちろん、難易度の高い課題が、その選手にとって適切ではなかったら、コーチは躊躇なく修正し、同時にその根拠を示して説得する必要がある。適切か適切でないかは、その選手をよく観察していれば容易にわかるものだ。

テレビであるゴルフ番組を見ていて、ゲストで参加していた元日本人メジャーリーガーが高校生に「どんな選手に憧れているの？」と尋ねた。高校生が挙げたのは、アメリカのプロゴルファー、ダスティン・ジョンソン選手だった。

ジョンソン選手は現在、世界ランク一位、ＰＧＡツアーで一九勝を挙げているトッププレーヤーだ。身長一九三センチ、体重八六キロ、ＰＧＡツアーに参加するゴルファーの中でも、飛ばし屋として有名な選手だった。

しかし、その高校生は身長が低く、体格もきゃしゃだった。明らかに、ジョンソン選手とはタイプが異なる。そのゴルフ番組のＭＣのプロゴルファーは、高校生に言った。

「ダスティン・ジョンソンになりたいと思うのはいいけど、今の自分の体格やタイプを考えたら、ちょっと違うんじゃない？　自分に合った目標を考えてごらん」
するると、その高校生は違う選手の名前を挙げた。その選手は、世界ランキングでも上位に入っていて、ツアー優勝を何度も飾っているが、標準的な日本人の体形に近く、その高校生の体格とも似ていた。番組を見ていて、このプロゴルファーが高校生に行ったのは、とても素晴らしいコーチングだと思った。

野球でも、自分とは違うタイプの選手を目標に掲げている選手はよくいる。たとえば、背が小さい変化球ピッチャーなのに、二メートルを超える本格派ピッチャーのランディ・ジョンソンのように投げたいという。明らかに、目指すところが違う。**ゆくゆくはその間違いに自分で気づき、自ら適正な課題を設定できるようになってほしいが、それができない選手には、まずはコーチが話し合いの場を設けて気づかせる必要がある。**そのうえで自分を客観視し、自らのタイプに適正な水準の課題を言い出すまで、根気強く関わっていかなければならない。

感覚としては、誘導尋問のようなコミュニケーションを想像していただきたい。

「まず、これをやってごらん」
「どうしてこれをやらせると思う？」

「できた?」

「やっていて、何か気づいた?」

こうしたサイクルを回しながら、自然と自分に合った課題が思い浮かぶようになるまで継続する必要がある。


ビジネスの世界では、あらかじめ会社としての大きなビジョンやミッションが設定されるので、それを達成するための課題について、自分で考えなければならないと思う。ただし、その課題設定が現状と乖離している人には、指導者が同様に根気強くコーチングしていく必要がある。

課題を自己設定する習慣を身につけさせる

この課題の見つけ方には、本人の意識の問題と、継続する力が大きく作用する。

僕は選手を指導するとき、野球以外の日々の生活の中で小さい課題を設定し、それを実行する習慣をつけるように勧めていた。朝起きたら絶対に顔を洗うなど、誰でもできるような習慣でも継続すれば効果がある。

しかし、継続し、習慣にするのは思った以上に難しいものだ。プロの選手は、そういことができないと、上には行けない。**中学校や高校の部活動のころから、自分で自分の課題を見つけて実行する習慣を身につけていれば、大人になってからの成長スピードも速い。**

しかし、高校まで指導者の言いなりで、自分で考える習慣が身についていない選手は、プロになってから苦労する場合が多い。

自分で課題を設定し、実行していく習慣は社会に出てからも役に立つ。大分県の中学校体育連盟の講習会に参加したとき、一緒に講師として呼ばれた整形外科医の先生も、生徒を前にこんなことを言っていた。

「自分の課題や自分の進む道を、自己決定できるようになろう。そこで取り返しのつく失敗をたくさんして、どうしたら修正できるかを自分で考えよう。これを子どものころから経験しておかないと、大きくなってから、自分では何もできない人になってしまい、苦労することになるよ」

その通りだと思った。

プロ野球選手だけでなく、ビジネスパーソンだけでなく、あらゆる人が大人になったら自分ですべてのことを決断しなければならない。課題を自己設定する習慣を身につけていれば、社会の荒波を生き抜くことができる。

しかし、僕が見てきた選手も、日本の若者たちも、中学生や高校生たちも、指示されなければ何もできないタイプが多い。そういう子どもたちや若者は、大人になったからといって自然とその能力がつくわけではない。

また、課題設定のプロセスを踏むことで、自分の特徴もわかってくる。**うまく課題設定ができる人は、自分の特徴を知ったうえで、自分に合った小さな課題から始めている。**もし、まだその域に到達していなくても、小さな課題に数多く取り組み、失敗し、その原因について思考を巡らせる中で、自分の特徴がわかってくる可能性もある。

コーチをしていて本当に気がつくのは、自分を理解していない選手の多さだ。自分のことを誤解し、あるいは勘違いし、自分はこういうタイプだと勝手に思い込んでいる選手が大半だ。これでは、いつまでたっても適正な課題を自分で設定できるようにはなれない。

コーチは、まずはその誤解を解き、対象者自身に自分を正確に理解させるところから始めていただきたい。そのうえで大きな目標を設定し、その途中にある小さな課題を設定してクリアし、失敗したら軌道修正する繰り返しを根気強く行ってほしい。

「振り返り」で課題設定の正しさを常に検証する

課題設定のやり方を身につけさせる目的で実施していたのは、試合後の「振り返り」である。**自分のプレーを自分で振り返ることで、選手たちにいろいろなことに気づいてほしいからだ。**最終的には、考えることなく身体が勝手に動くようになってほしい。

その前段階としては、どうしてそのプレーになったのかを自分で分析できるようになっておかなければならない。

まずは、身体が勝手に動いた状態を客観的に把握させ、なぜそうなったのかを掘り下げていくことが重要である。

「振り返り」を続けることで気づきのレベルを高める

二〇一七年シーズンの一年間、ファイターズの若手ピッチャー三人を指名し、先発した次の日に「振り返り」をやってもらった。三人のうちの一人、A投手は、極めて劇的に変わった。

はじめのうちは、振り返りをしても投球に対する意図が感じられなかった。

「キャッチャーが出したサインの通りに投げました」

「投球フォームも、いつもコーチに言われてるようにちょっと突っ込んじゃいました」

どうしてサイン通りに投げたのか、投げたかった球種だったのか、なぜ突っ込んだ投球フォームになってしまったのか、そういう重要な点に関する考えが出てこない。

いったいどうなることかと心配していたが、振り返りを繰り返していくうちに、A選手は徐々にいろいろなことに気づき始める。

「本当はこの球種をこのコースに投げたかったんですけど、キャッチャーが違うサインを出したので、仕方なく投げちゃいました」

さらにしばらく続けると、当初とはまったく違うことを言い始めた。

「こういう点が僕の特徴なので、あの場面ではこのコースにこういう球を投げれば抑えられると思って投げました」

この年、A選手は調子を落として二軍に落とされた。しかし、振り返りがだんだん上手になって気づきが増えるとともに、調子を上げていった。そして、ふたたび一軍に上がり、安定した成績を残せるようになった。

振り返りによって、A選手は試合中にフォームの修正までできるようになった。試合中に自分の投球フォームの状態が自分でわかるようになり、その修正まで自分で工夫してできるようになった。まさに劇的に変化した事例だ。

しかし、シーズン終了後の秋のキャンプでは、前の状態に戻ってしまったようだ。試合から離れたことで、忘れてしまった可能性がある。**このように、一進一退するケースも少なくないので、コーチは根気強く意識づけをしていく必要がある。**

質問で深掘りし、相手にとことん語らせる

それでも、はじめはまったく自分自身をわかっていなかったA選手が、徐々に気づきを得ていったのは、とことん語らせたからだと思う。試合の次の日にインタビューを設定し、まずは自分の昨日の投球について点数をつけてもらった。

「六〇点です」

その点数をなんとなく聞くのではなく、なぜ六〇点という採点になったのか、徹底的に掘り下げていく。当初は、足りなかった四〇点がどのような要素だったかから聞くようにしていた。しかし、ネガティブな考えばかり口にするので、あまり効果的ではないと思った。**そこで、六〇点をつける根拠となったプラス面から聞くことにした。**それ以降のA選手からは、良かった点が出てくるだけでなく、次にはこうしたいというポジティブな答えが聞けるようになった。

次に、試合前日までの練習や当日のメンタルの状態などを聞いていく。

「一週間の練習はどうだった？」

「ピンチで打たれたとき、あるいは抑えたとき、どういう気持ちで投げてたの？」

この振り返りは、かなり重要だ。どのような練習をして、どのような精神状態で試合に臨めば、どのようなプラス面があり、どのようなマイナス面があるかがわかってくる。自分がどのような気持ちになったときに、どのような強みが発揮され、どのようなミスをするのか。ただ漫然とプレーし、そのときの自分の状態を意識しなければ、本当の自分の状態はわからない。だから、何度も同じミスを繰り返すのだ。

コーチは絶対に「答え」を言ってはいけない

振り返りで気をつけなければならないのは、選手の話を聞いているコーチが気づかないうちに「答え」を言ってしまう点だ。

選手が配球を誤ったために打たれたケースで、選手が振り返りでその点を挙げてきたときに、本人はまだ気づいていないかもしれないのに、つい「あの場面は、こういう配球にするべきだったよね」と言ってしまう。コーチにそう言われると、選手はそう思っていいなくても「はい」と言ってしまうものだ。

選手から気づきを引き出すためにコーチが言うべきは「じゃあ、その配球はどうすれば良かったと思う?」という問いかけである。**コーチは、選手に自分の言葉で語らせることに、徹底して意識的にならなければならない。**

いくらじれったくても、まどろっこしくても、我慢し、耐えるべきだ。選手が「わからない」と口にしても、すぐに「こうだ」と断定してはならない。もし言うとしても、せいぜい、「自分だったらこうしたかもしれない」「こんな選択肢もあるかもしれない」というヒントを口にする程度にとどめておかなければならない。

振り返りは三人の投手に対して行ったが、A選手のように高い効果が出なかった選手もいる。おそらくその選手は、内省が足りないのだと思う。自分を深く掘り下げる自己客観視は、上手にできない選手も量をこなせば一定のレベルには到達する。

ただ、振り返りの言葉には浅い、深いの差が出る。浅い人の特徴はこうだ。

「うわべだけの反省になってしまっている」

「曖昧な答えになっている」

コーチは質問に徹する

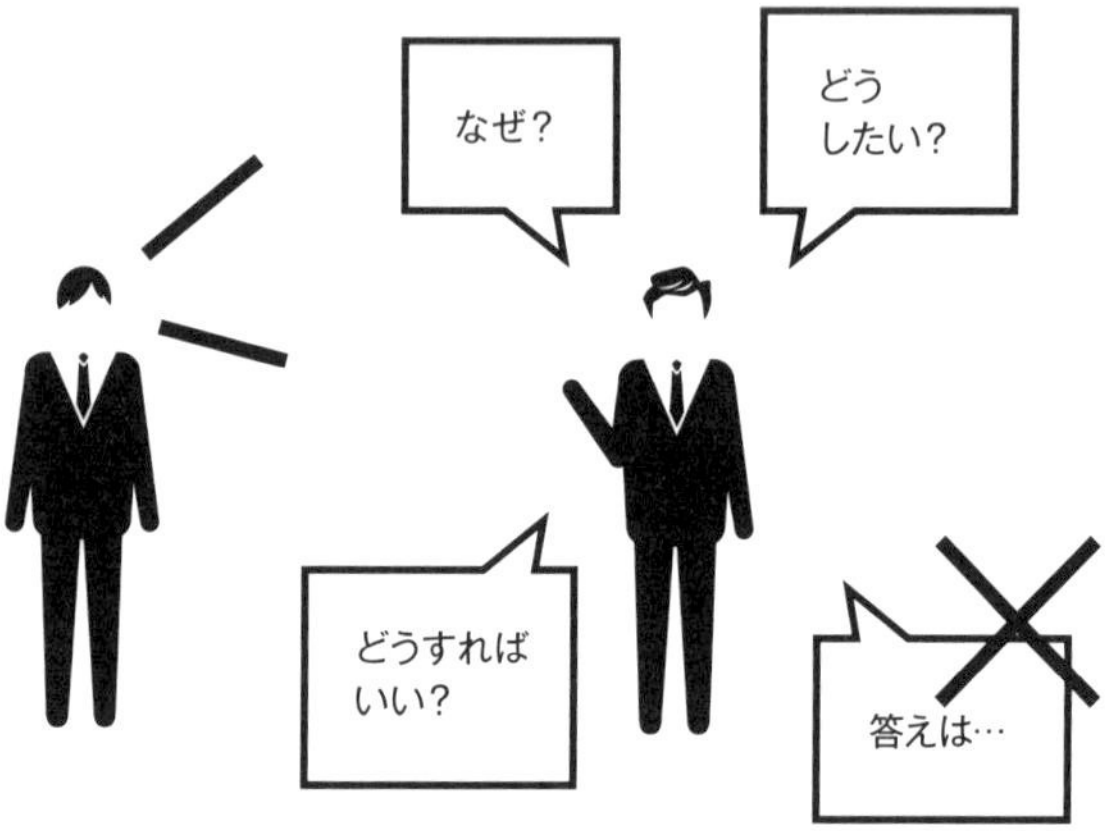

- 相手に「自分の言葉」を語らせる
- 答えは絶対に言わない

「答えが要領を得ないものになっている」

「いつもコーチに言われている言葉でお茶を濁している」

「自分の言葉で語っていないから、明快さに欠ける」

その選手も、何となく気づきかけてはいるのだが、あと一歩も二歩も踏み込まないと結果にはつながらない。そこを乗り越えて結果につなげるには、頭を使って考えなければならない。

好奇心が向上心を生み、課題を設定させる

これまでコーチとして選手に接してきて、振り返りがしっかりとできる選手はほとんどいなかった。唯一できると思ったのは、ダルビッシュ選手ぐらいである。

彼は、野球に対する興味、好奇心が人並み外れている。あれだけの実力があるのに、少年のようにまだうまくなりたいと思っている。ほかの選手が投げている球種も、どうやって投げているのか興味深々だった。**好奇心があるから、向上心も出てくる。彼のすべての**

行動の源には好奇心があると言い切っていいと思う。なぜ？　なぜ？と問い続けていると、課題は自然に出てくるものだ。

問題なのは、ダルビッシュ選手のような好奇心はなく、何も考えずに野球をやってきた選手が、その能力の高さによってずば抜けた結果を出してしまうことだ。プロに入るまではそれで通用するだろうが、プロには途轍もない才能を持った選手たちが大勢いる。才能だけでは通用せず、いずれ壁にぶち当たる。しかし、今まで何も考えてこなかったから、壁にぶち当たっても、どうすれば乗り越えられるのか考えることができない。そうした選手が自分で考えられるようにするためのコーチングが、振り返りなのである。

自ら振り返り「何でだろう？　何でだろう？」と必死に考えてもわからないから、コーチのアドバイスに耳を傾ける準備ができるのだ。アドバイスを聞く態勢ができていない選手に、コーチが何を指導しても右から左へ抜けていく。

自分に対して期待する「自己効力感」を持つように仕向ける

これを好奇心と言っていいかどうかわからないが、選手が自分に対して期待することも大事だと思う。簡単に言えば「俺はできる」という暗示に近い感覚である。

これをスポーツ心理学では「自己効力感」というそうだが、選手にそういう感覚を持たせるのも、小さな課題をクリアし続けるループに身を置かせることの効果だ。

選手に自己効力感を持たせるように仕向けていくのも、コーチの重要な役目だと思っている。このコーチの言うことを聞いたら、俺はできるようになる。そういう感覚の芽生えも、コーチへの信頼につながっていく。

本来、ほとんどの選手が自分に対する期待を持っているはずだ。しかし、謙遜という名の逃げを打ち、失敗したときの言い訳を用意している選手も多い。そうなると、モチベーションは上がっていかない。失敗を恐れているのではなく、失敗した自分を見られるのが嫌だという発想である。

プロの選手は、自尊心が高い。プライドもある。二軍からなかなか這い上がれない選手は、わざと練習せずに「俺、努力してないからできないんや」と言う選手もいる。臆病な選手には、根気強く説いていかなければならない。

ビジネスの世界にも、同じようなタイプがいると思う。がむしゃらに働くことを格好悪いと敬遠するのは、頑張って結果が出なかったときの言い訳とバツの悪さをごまかすためだ。テストの前に部屋を掃除したくなるのも、そういう心理が働いているらしい。掃除をするために時間を使ったから、テストの勉強をする時間がなくなってしまった。だから点数が悪くても仕方がない。まさに言い訳のための言い訳にすぎない。

ダルビッシュ選手は、自分に対する期待度が大きかった。好奇心が強い人は、期待度も大きいように見える。期待が大きければ、結果が出たときの自信も大きくなる。自分はできる。そう思わせて選手のモチベーションを上げるのも、コーチングの重要な技術である。**何かのきっかけをつかみかけている選手に対しては、自分を期待させるように仕向けていったほうがいいと思う。**

パフォーマンスを最優先する「プロ意識」を植えつける

プロ意識とは、自分のパフォーマンスを上げるための思考・行動を、すべての思考・行動に優先させる意識である。その人がやるべき本業、つまり野球選手であれば野球、ビジネスパーソンであれば仕事において、パフォーマンスを上げ、高い成果を出すための思考や行動を、すべてのことに優先させるということだ。

一軍に上がってきたばかりの選手は、このプロ意識を持っていない選手が多い。ビジネスパーソンでも、若手はまだプロ意識を持っていないケースがほとんどだ。つまり、日々何をするべきか、いつ、何をするべきかといった優先順位を、プロになっても知らない人が多いということである。

野球選手は、試合で負けた日にはさまざまなストレスが溜まる。ビジネスパーソンも、仕事で嫌なことがあったらストレスを感じるだろう。その鬱憤を晴らすため、お酒を飲むのは構わない。だが、泥酔したり深酒をしたりするのは、プロ意識がない人のやることである。泥酔したり深酒をしたりすれば、たしかにストレスは発散できるかもしれない。しかし、それによって体調が悪化すれば、翌日からのパフォーマンスに影響が出る。

泥酔も深酒も、本業に影響がない範囲であればやめる理由はない。ただ、やっていいときと、やってはいけないときがある。それをちゃんとわかっているだろうか。**わかっていなければ、わかるように指導するのはコーチの職責である。**

ストレスを溜めている相手を見逃さず、語りかける

自分が期待している場面ではないところで使われることが多くなり、ストレスを溜めて

へそを曲げているあるベテラン投手がいた。彼は本来、勝っている試合の七回か八回に登板するセットアッパーで、いわゆる「勝ちパターン」の一角を担う選手だった。しかし、その「勝ちパターン」で起用されなくなっていったのだ。

だがそれは、ブルペンの活性化を狙った監督の采配なので、やむを得ないことはベテラン投手もわかっていた。だからこそ、行き場のないストレスを抱える羽目に陥っていた。

本来は、監督がチームの方針として選手に伝えるのがベストだ。**しかし、監督の説明がない場合は、コーチが言わなければならない。**ただ、ベテラン投手の気持ちが痛いほどわかった僕は、コーチとしてではなく、プロ野球選手の先輩として話を聞いてほしいとアプローチした。

僕も選手のときに似たような境遇に陥り、そのときはストレスを発散するために物に当たった。コーチとしては注意したくても、自分を棚に上げて人に注意するのは説得力のかけらもないので、言いにくかっただけの話だ。

「今、おまえが置かれている立場は、すごく不本意で気分が悪いかもしれん。それはよくわかるけど、若い選手たちは、おまえのことを見ているよ」

「おまえは、今年だけの選手じゃない。来年もあるし、再来年もある。しかも、引退したあとに、もしおまえが指導者になりたいんやったら、今はへそを曲げている場合じゃないよね。プロのピッチャーとしてやるべきことは、たった一つじゃないの？」

そういうと、ベテラン選手は納得してくれて、次の日から若手の見本になるような態度に改めてくれた。

悩みを聞く「カウンセリング力」もコーチには必須

高校や大学からプロに入ってくる選手は、いきなり大金を手にして何でも自由にできるようになるから、野球以外のことをやる機会が多くなる。若手選手が陥りやすい罠は、野球より遊びを優先させてしまうパターンが大半だ。

もちろん、自分が稼いだお金だから、何に使おうが、いつ使おうが自由だ。それに対してコーチが踏み込む必要はない。ただ、プロとしてやるべき優先順位だけは間違えてはいけないことを、しっかり教えてあげなければならない。

優先順位をおろそかにして深酒をした選手に対して、僕はとくに何も言わない。それが原因でパフォーマンスを落としたとき、その原因について自分で振り返らせて気づかせるにとどめる。

その意味でいえば、コーチにはカウンセリング力が必要だ。コーチはいろいろな役目を果たさなければならないので、とくにカウンセリングの技術は持っていたほうがいいと思う。

プロ野球選手は、結果を出さないとすぐに解雇される世界なので、悩んでいる選手は多い。話を聞いてあげるだけでも、選手にとっては救いになる。カウンセリングは、どのように聞くかというスキルだ。**選手に思っていることを言ってもらうために、向こうから話しかけやすい雰囲気をつくるのも大事だと思う。**

自分だけで抱えてしまい、話したいのに話さない選手が多いのは、悩みを話すとマイナス評価をされると思い込んでいるからだ。話したことで、先発投手失格の烙印を押されるのではないかと危惧し、黙って耐えている選手が多い。溜め込むことで、さらに悪い方向に向かってしまうことも少なくない。

悩みを話したからといって、先発不適格と判断することはない。ただ、悩みを話すこととは別に、先発投手として活きるタイプなのか、抑え投手として活きるタイプなのか、それぞれに適した役割があるのは事実だ。その選手がどこにいるのがベストなのかは、コーチと選手が密なコミュニケーションを取り、監督に進言することになる。

相手の性格に応じてコーチングを変える

これまでの僕の経験から、プロ野球選手の性格には、大きく分けて六つの要素があると思う。それぞれ「強気」「臆病」「大胆」「慎重」「冷静」「直情」だろうか。

僕が考える最高の状態は、慎重で冷静、しかし自分の決めた戦術を実行するときの大胆さと勇気を兼ね備えた選手だ。

反対に、臆病で戦術を実行する勇気もない選手には問題があると思ってしまう。

ファイターズに在籍していた選手でいえば、武田久投手はネガティブなことを考えるところはあるが、慎重に冷静にベストの戦術を考え、いざそれを実行するときは、勇気を持って大胆にやる選手だ。

同じクローザーでも、心臓に毛が「ボーボーに」生えているような大胆、かつ直情タイプもいる。僕もそうだったが「いってまえ！」というのが信条だ。僕のようなタイプは、調子のいいときは手がつけられないほどいいが、慎重さがないので大失敗することも多かった。

技術レベルや育成レベルの違いによってコーチングを変えるのは当然だが、人の性格やタイプによっても、変えるべき点はある。

自分の内面と向き合うタイプの人には、イメージを外に向けさせる

たとえば、メジャーリーグには「チキン」と呼ばれるタイプの人がいる。慎重で臆病な性格的特性を持つ人を指すことが多い。しかし、チキンと呼ばれる人は実際に臆病なのではなく、内面で自分と戦っている人が多いのも事実だ。

ピッチャーの場合、この場面では絶対に抑えなければならないと考えるあまり、完璧な

投球を求める。そのためにはここで足を上げ、腕はこの角度で振り上げて、このコースにこの球種の球を投げ込むというシミュレーションをする。そうしているうちに、最高のパフォーマンスを出せなくなり、打たれてしまう。その姿を外から見ていると、ビビって腕が縮こまっているように見える。だからチキンと揶揄される。

内面で自分と戦っているピッチャーの指導は難しい。ピッチングフォームを指導するときでも、ここで肘を上げてと言うと、自分の肘にばかり意識が向いてしまう。過度に意識してしまい、いつも無意識に動かせる部分がぎこちなくなってしまう。結果的にボールに勢いが伝わらず、力のないボールとなって打ち込まれる。

肘の上げ方を注意しようと思ったら、肘を上げてと言わず「バレーのスパイクを打つように」「テニスのサーブを打つように」など、自分の身体にイメージが向かないような言葉で表現してあげると、過度に意識しなくなる選手もいる。**これもスポーツ心理学の分野に入ってくるが、コーチにはこのような表現の技術も必要になる。**

ほかに「ボールが糸を引くようなイメージ」「ずどーんと行くイメージ」など、野球を知らない人には何を言っているかわからない表現も、ただ適当な言葉を並べているわけではない。内面のイメージを、外に出してあげるための表現なのだ。

具体的な言葉で理解するよりも、イメージを膨らませることで修正するほうが、自動的に身体が動くタイプの選手もいる。

「野蛮な勇気」の持ち主には、まず最悪のケースを想定させる

クローザーだった頃の僕のように勢い一本で投げてくるタイプは、いわゆる「野蛮な勇気」でマウンドに立っている。場の空気など関係なく、逃げるのは負け、勝負にいくことしか考えない。そういうタイプは大失敗してチームに大きな被害をもたらすので、最悪のケースから考えるよう指導するのが効果的だ。

まず、どこにどのボールを投げたらホームランを打たれ、チームが負けてしまうか。最悪のコースと球種を考え、そこだけには投げないよう伝える。そのうえで、最悪のケースを除外した場合、ほかにどこにどのような球を投げるのが適切かという順序で投げる球を決めてほしいと伝える。それが決まったら、持ち前の大胆さで思い切り勝負してほしいと

強調する。このようなコーチングによって、大失敗のリスクは軽減される。

ピンチに直面したときは、誰でも多かれ少なかれパニックになる。だからといって、だいたいこのへんに投げればいいだろうと、適当に投げてはいけないことを徹底して指導する。プロのピッチャーには、意外とこのタイプが多い。なぜなら、あり余る才能があり、それで打ち取ってきた実績があるからだ。

臆病な人には、いざというときポジティブになれるようにコーチングする

大活躍する選手は、臆病であることが多い。先ほどの武田投手のように、臆病でも自分の戦術を決めれば、勇気を持って投げられるタイプだ。僕は、大魔神こと佐々木主浩投手もそうだったのではないかとにらんでいる。

内心はビビりまくってマウンドに立つが、いざ投げる球を決めたら、大胆に勇気を持って投げる。とくにリリーバーでは、そういうタイプが成功しているように見える。

臆病だから常にさまざまなケースを想定し、その中から最善のパターンを選択するマイ

ンドセットができているのが理由だと思う。臆病でビビっているだけの選手は困りものだが、僕のように「とにかくいったれ！」という選手に比べて、一歩引いて考えられるのが強みだ。

そのうえで、いざというときはポジティブになれる選手になってほしいと思いながらコーチングをしていた。どんなに臆病に見える性格の選手でも、前向きな姿勢になれるように指導するのがコーチの使命である。

失敗を恐れず、何度もトライする姿勢を持たせる

僕が考えるネガティブは、ちょっとひねくれているネガティブだ。言葉にすれば「どうせ僕なんか」と自己評価が低いタイプである。

そういうネガティブさを持った選手は、野球選手としての向上心も出てこない。

できるけれどもやらないタイプ、やられたときのダメージを考えるとやらないほうがいいと考えるタイプが、僕の考えるネガティブな選手といえる。こういうタイプは、いくら

指導しても直らないと思っているので、球団にはすぐにトレードに出したほうがいいと進言する。

僕が少年野球に指導に行ったときに、よく伝える言葉がある。

「失敗が怖くてトライしないのが、野球選手として一番カッコ悪い」

自分にとって最善の方法を見つける努力をして、見つかったらそれをやってみる勇気を持った選手になってほしいという話だ。

失敗して修正する。それを繰り返すうち、佐々木さんのように複数の選択肢の中から最善のものを選べるようになる。そのレベルに到達できるように、トライする姿勢を持ち続けるように指導する。

これは小学生に伝えたい言葉であると同時に、若いプロ野球選手、若いビジネスパーソンにも伝えたい言葉でもある。

四つのステージで指導方法を変える「ＰＭモデル」

コーチングは、指導行動と育成行動の二つを指導していくことである。ただ、選手にもさまざまなタイプがいて、さまざまなレベルの選手がいる。同じ指導をしても、届く選手と届かない選手が出てきてしまう。

実際の現場におけるコーチングでは、指導行動と育成行動を使い分けることで、選手にとって最適な指導を模索する。**その使い分けの基準となるモデルが「スポーツコーチング型ＰＭモデル」である。**

ＰＭモデルの「ＰＭ」とは、社会心理学者三隅二不二が提唱した「ＰＭ理論」からとっ

PM理論モデル

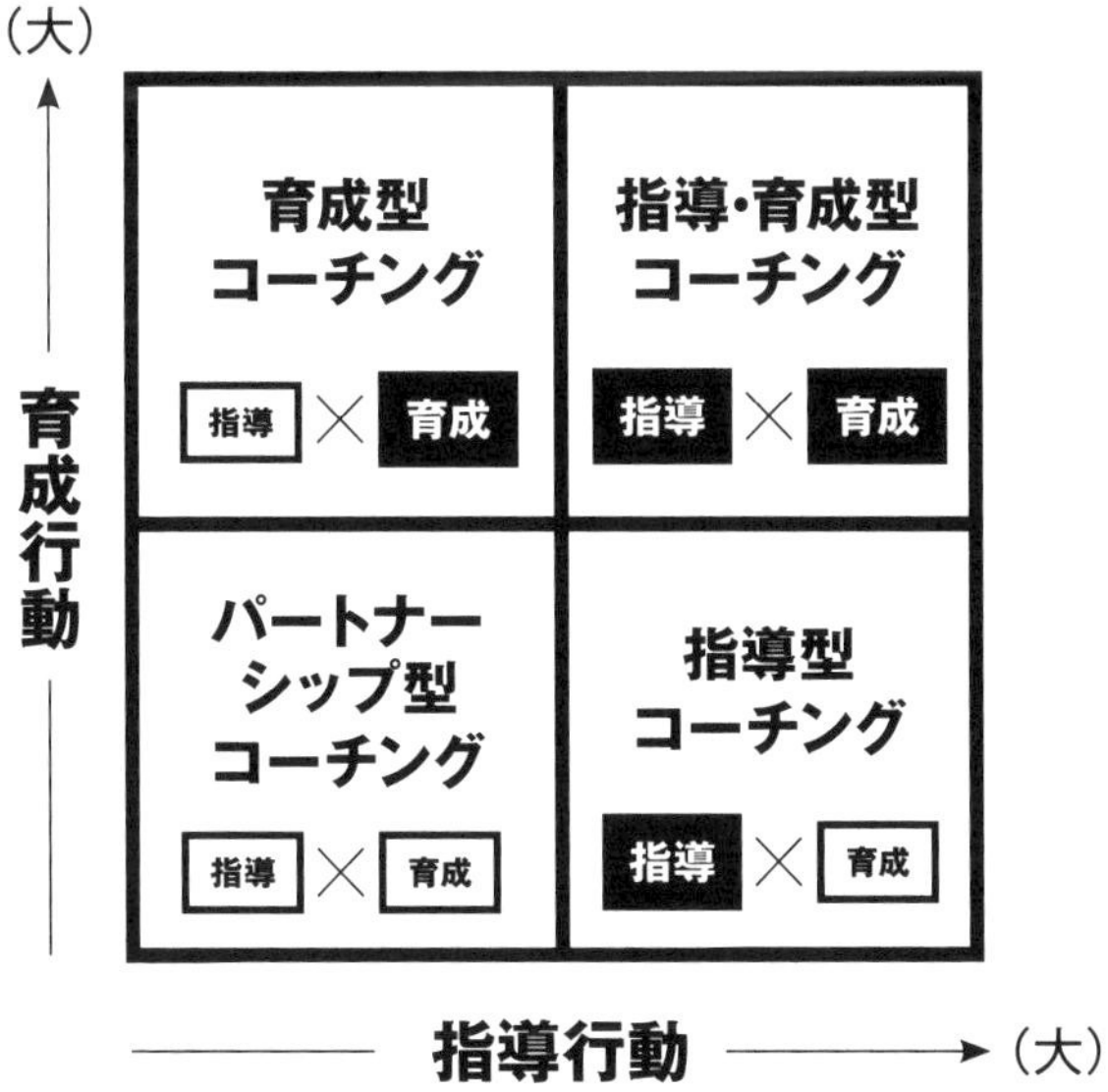

※スポーツコーチング型PMモデル(図子, 2014)を元に著者が作成

ている。パフォーマンス（職務遂行機能）とメンテナンス（集団維持機能）という二つの側面から類型化したリーダーシップ論である。筑波大学の図子浩二教授が、これに指導行動と育成行動を当てはめ、スポーツコーチングに応用してモデル化した。

第一ステージ　「指導型コーチングスタイル」

右下の第一ステージが、初心者段階の選手を対象にした「指導型コーチングスタイル」になる。**ここは指導行動、つまり技術指導を中心にしなければならない段階だ。**

初心者には技術やスキルを教えないと、形にならない。野球でいえば、野球の技術がない選手が野球をしても、野球にならない。ビジネスでいえば、新入社員にはビジネスを遂行するための最低限のスキルを教えないと、仕事にならない。したがって、まずはそれを中心に教えていく。

対象は、二軍に割り振られた高卒ルーキーから高卒三年目あたりまで、ビジネスでは新入社員から二、三年目までがメインターゲットとなる。社会人野球や大学野球から入団した選手は、高卒選手に比べてある程度の技術のベースがあるので、第一ステージを省略する選手もいる。

第二ステージ 「指導・育成型コーチングスタイル」

二軍で登板機会を与えられるようになった選手や、一軍に引き上げられたものの通用せずにすぐ二軍に落とされた選手が、第二ステージの対象になる。ここは中級者段階の選手を対象とした「指導・育成型コーチングスタイル」となる。

このステージに上がるレベルの選手には、難易度の高い課題が課せられる。とはいえ実力的には中級者なのでクリアできないことが多く、壁に突き当たる。

そういう選手たちには、技術の指導も必要だが、同時に、壁に突き当たって折れかけたプライドを慰め、モチベーションも上げてあげなければならない。自分にとっての課題は何か、それを解決するにはどうすればいいか、そうしたことに自分で気づかせ、自らの力でモチベーションを上げる方法を教えるのがこのステージでのコーチの役割になる。

コーチとしては、もっともエネルギーを注がなければならないステージだ。選手のモチベーションがなえかけているときなので、悠長なことは言っていられない。

ビジネスの世界に当てはめると、中堅社員がこれに当たる。主任や係長といったはじめての肩書がつく前までの社員である。ある程度の仕事は自分でこなせるようになってはいるが、先輩のように大きな成果を出せていない状態の社員である。この段階は精神的にもかなり揺れ動いているので、コーチの役割は重要になる。

第三ステージ　「育成型コーチングスタイル」

次の第三ステージは、中上級者の選手を対象とした「育成型コーチングスタイル」の段階に入る。技術やスキルはそれなりに完成の域に達し、そのせいで自信とプライドがかなり高くなっている選手が対象となる。

しかし、まだ精神的に成熟する段階に至っていないため、競技に対するプライオリティがわからなくなり、いろいろと迷ってしまう時期である。そういう選手たちに技術的な指導をすると、プライドが邪魔をして受け入れてくれない。場合によってはへそを曲げて、信頼関係を損ねることにもなる。**したがって、練習の仕方や、社会においてどうあるべきかといった、育成行動を中心に指導していく時期になる。**

ビジネスにおいても、完全にはマネジメントクラスに入っていない、主任や係長、チームリーダーの役割を担う二十代後半から三十代前半あたりが対象になる。コーチとしては、このステージも気を使うことが多い。選手に振り回され、コーチにもストレスが溜まるステージである。

第四ステージ 「パートナーシップ型コーチングスタイル」

最後は、第四ステージである。ここは上級者段階の選手を対象とした「パートナーシップ型コーチングスタイル」である。

このステージに至ると、コーチはほとんど何もすることがない。ただ選手を見ているだけでいい。

ただし、何かことが起こったときに解決しなければならない問題が高度になるので、コーチはその対応ができるように周到な準備をしておかなければならない。見ているだけでいいといっても、油断ができないステージということだ。

僕がコーチとして在籍した中でこのステージにいたのは、ファイターズ時代のダルビッシュ選手と、ソフトバンクホークスのデニス・サファテ選手だけだ。二人とも、僕が見ていてもまったく問題はないのに、突然「吉井さん、これどう思いますか?」と飛び道具のような高度な質問を飛ばしてくる。正直に告白すれば、答えられないときもある。しかし、わからないとさじを投げたら、信頼関係はすぐに壊れてしまう。だから、しっかりと見ているぞという態度だけは示さなければならない。

本来は、選手を放っておいても問題のないステージなので、コーチとしては楽をしたいところだ。とはいえ、コーチとしての力量を試されるという意味で、緊張するステージである。

PMモデルは「ものさし」として活用する

PMモデルは、この四つのステージに分けて考える。しかし実際の選手たちは、きれいに四つに分けられるようなものではない。しかも、第一ステージから順に第四ステージに上がっていくわけではなく、行きつ戻りつしたり、第一ステージから第三ステージに飛んだりすることも珍しくない。

ある選手がどのステージに当てはまるかを見極めるには、とにかくその選手を観察することが必要だ。技術レベルと性格を見極め、どういうことに困っているか、その選手がその時点で抱えている課題を見極めることによって決まると考えていい。

ベテラン選手だからといって第三ステージや第四ステージにいるとは限らない。技術面での迷いがあれば、第二ステージに該当する選手として、指導行動を中心に据えたコーチングをする必要があるかもしれない。若手だからといって、抱える課題が技術面とは限らない。指導行動より育成行動をメインにしたコーチングをする必要があれば、第三ステージにだって飛ぶこともある。コーチとしては、どんなケースにも対応できるように、四つのステージそれぞれのコーチングスキルを身につけたほうがいい。

ただし、このスポーツコーチング型PMモデルは、指導の「ものさし」として置いてあるだけだ。ある選手がどのステージにいるか考えるときにだけ持ち出すにすぎない。日々の指導は、ただ選手と向き合うことによって成り立っている。

第一ステージ

「初心者（新人）」は、まず指導行動で技術を鍛える

ここから、それぞれのステージの内容を明らかにするため、具体例を挙げていこうと思う。それによって、各ステージのイメージをつかんでいただきたい。

まず第一ステージ。プロ野球でいえば、高卒ルーキーがここに当たる。大学、社会人出身でも、基本的なことがわかっていない選手、自分のやり方が確立できていない選手がいれば、このステージに当てはまる。**このステージに該当する選手は、技術の基本を細かく教えていく。**

ピッチングフォームの修正、「今日は遠投を中心に行う」「明日はノースローデー」などの練習内容の指示、その練習を実施するタイミングの指示など、コーチが考えたメニューをひたすらやらせる。

高卒ルーキーは、部活の引退後からプロの練習が始まるまでの期間は、自分たちの感覚で勝手に練習している。そのため正しい練習ができていない。

結果として、投げる感覚や身体を動かす感覚を忘れてしまっているため、その感覚を呼びさまさせることをメインテーマとする。先輩選手と一緒の練習メニューに取り組んでも、その感覚は戻ってこない。だから基礎の基礎、小学生に九九を丸暗記させるのと同じような感覚で指導する。

自らの状況を把握できないうちは、まず基礎を徹底させる

プロに入ってすぐの時期は、知識を取り入れるモチベーションが高い。あえて育成行動の指導をしなくても、コーチのアドバイスに耳を傾ける。コーチのアドバイスを実践すれ

ばするほど上達するので、モチベーションはさらに上がる。

それでも、先輩選手がブルペンで投げたり、試合で投げたりする姿を見て焦る選手もいる。プロになったのに、中学生がやるような基礎の基礎をどうしてやらされるのか、と反発する選手も出てくる。「投げたいです、投げたいです」と直訴してくる選手もいるが、我慢させて指示通りのメニューに取り組ませる。

自らの現状を把握できていない選手は、やり方もわかっていないので、「おまえらはまだそのレベルではないよ」とはっきり言いながらやらせていく。

一人前と認めるまでは、このステージで二年から三年は過ごさせる。できる選手はすぐに次のステージに上がっていくが、多くの選手はできないことのほうが多い。少しずつ自分の感覚に任せていくようにするが、その変化も急激なカーブは描かない。

初心者（新人）に対するコーチング

- 基本的な知識スキルの指導をする
- 指導に対するモチベーションは高い

第二ステージ

「中級者（若手）」は、モチベーションをケアしつつ、技術的な課題もサポートする

第二ステージの選手は、技術的にもまだ未熟なので、指導行動も行う。ただ、第一ステージに比べて、より高い壁を乗り越えるために課題の難易度が上がっている。だから、モチベーションの維持が思いのほか難しい。**そこで、人間力を高める育成行動の言葉がけが多くなってくる。**

「おまえはまだ課題がクリアできないけれど、これは絶対にやらなければならない課題だし、おまえの取り組み方次第では十分にクリアできると思う。だから頑張れ」

こういう相手の心情に配慮した指導もしなければならない。そのため、コーチとしては

もっとも選手に気を使うステージであり、情熱が必要なステージである。選手のモチベーションが下がらない工夫を常に考え、手間をかけてでも、それを実践していかなければならない。

この壁を乗り越えられる選手は、苦労することなく乗り越えていく。第二ステージに滞留する選手は、なかなか課題をクリアできず、一軍と二軍を行ったり来たりする。

最終的に、ここで足踏みする選手の中で、一軍に定着する選手は少ない。だからこそ、適切なコーチングが必要であり、コーチングの質によっては定着する確率を上げることが可能になるはずだ。コーチは、その重責を担っている。

何人かまとめてコーチングすることで、相乗効果が生まれる

このステージにいる選手の技術レベルは、ある程度は高い水準にある。しかし、精神的にはまだ成熟していない選手が多いから、一人ひとり指導するより、何人かをまとめて指

中級者（若手）に対するコーチング

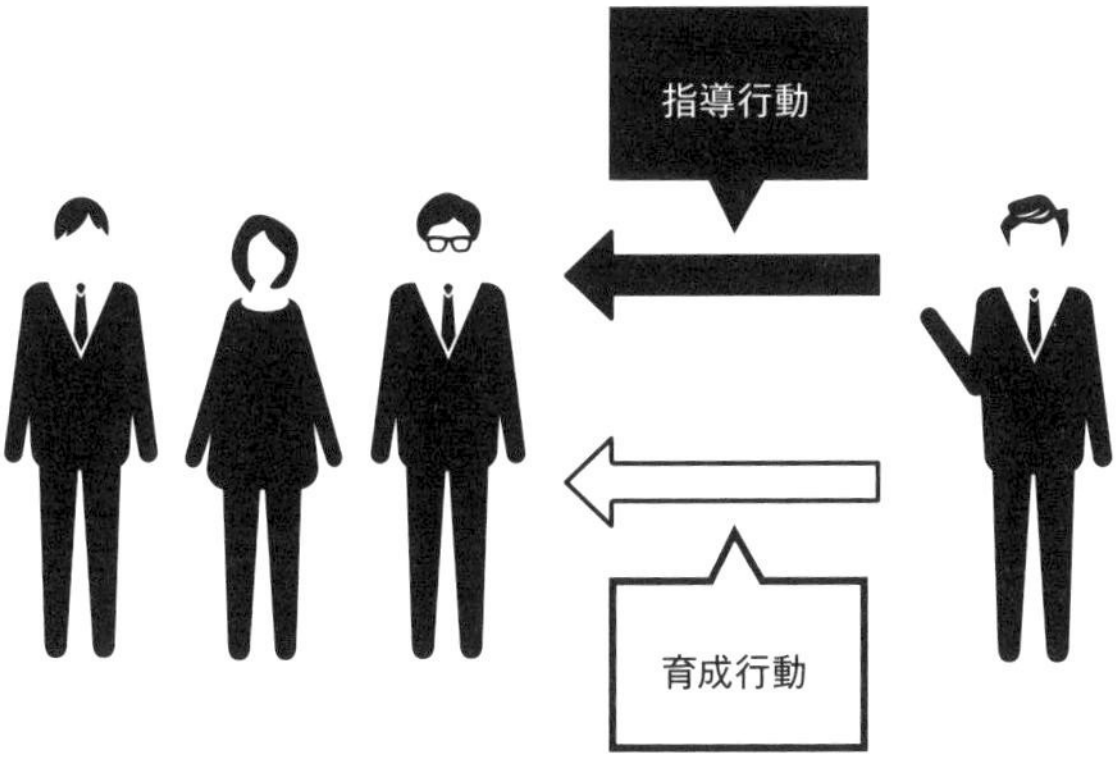

- 指導行動と共に育成行動も多く行う
- 複数人にまとめて相乗効果を出す

導する方法のほうが、相乗効果が期待できる。

ソフトバンク時代に、四人の若手を集めて「チームB」を結成した。いずれも主力クラスではないが、それなりの力は持っている投手たちだ。誰かが登板し、何らかの失敗をしたときや逆に大活躍したとき、四人が集まってその原因を共有し、その後の自分の投球に活かしていくのが狙いだった。

誰かの失敗や成功の原因を複数で共有する目的は、彼らに向上心を持ってもらうことである。自分は失敗していなくても、誰かが失敗したときに反省会をさせられているということは、自分はまだプロとして未熟である。もっと上を見て頑張らなければならない。そんなことを体感してほしかったのだ。

人の成功や失敗を自分事として考え、多くのケースに触れることで、自分だったらどうするか、それが最適な解決法なのか、それぞれがイメージトレーニングをすることでレベルアップを図っていく。

第三ステージ

「中上級者（中堅）」は、プライドを損ねないように心構えをつくる

続いて、第三ステージ。実力はあるが、プロフェッショナルとしての優先順位がまだ完全に理解できていない選手、**大雑把な言い方をすると「調子に乗っている」選手、プライドが邪魔をして間違った方向に進んでしまった選手が、このステージの対象者になる。**

かつて、ダルビッシュ選手がファイターズにいたころ、すでにプレーオフ進出が決まっていた最終戦に、誰が投げるかという問題が浮上した。チーム事情としては、その試合に勝つか負けるかで、プレーオフの対戦相手が変わるかもしれない試合だ。

チームとしては、絶対に勝ちたい試合だった。だから、エースのダルビッシュ選手に登板を打診した。だが、ダルビッシュ選手にはチームに対する不信感があった。チームの成績が決まっていたのに、タイトルを取るためにチームが協力してくれなかったことについて、感情的になっていた。「そんなことなら、僕は投げたくない」と言い出した。

ダルビッシュ選手の気持ちはよくわかる。それでも、コーチとしてダルビッシュ選手のわだかまりを解き、試合で投げるよう説得に当たった。

「もしおまえが、この先メジャーリーグに行くとしたら、そういうわがままは許されないよ。おまえの気持ちほんまにわかるし、おまえの年齢だったらそういう気持ちになるのもよくわかる。わしもそうやったしな。でもな、本気でメジャーを目指すつもりなら、この態度はとってはいけないことなんやで」

僕の話の内容を理解してくれて、そのときは納得してくれた。ところが、翌日になっても、ダルビッシュ選手のモチベーションは上がらなかった。

「やっぱり、僕、投げられません」

結局、ダルビッシュ選手は投げなかった。

ダルビッシュ選手は、技術的には何も言うことはない。しかし、ちょっとしたことでモチベーションが落ちてしまっていた。そういう選手をどのように指導するか、それがこのステージの難しい点だ。

実力が確定した相手には、「育成行動」を徹底する

一軍に定着している若い選手は、しばしばへそを曲げて悪い態度をとることがある。こういうタイプの選手に注意するのは言い方が難しい。**選手の主張を受け入れながら説得しないと、一方的な指導ではうまくいかない。**

あのとき、僕が言ったことを、ダルビッシュ選手はメジャーリーグに行って肌で感じていると思う。日本にいたときに誰かにこんなこと言われたな、という程度の記憶でもいいから残っていてくれたら嬉しい。ただ、その後のダルビッシュ選手のメジャーリーグでの振る舞いを見ていれば、少しでも影響したのかもしれないと勝手に思っている。

振り返りをしてもらっている投手の中に、責任感が異様に強く、自分の失敗をなかなか許せないタイプの投手がいる。振り返りのときにつける採点も辛い。何でも自分で背負い込もうとして、それがパフォーマンスに悪影響を与えている。つまり、注意を向ける方向が間違っている。

何度か彼と話すうち、原因がわかった。彼は社会人からプロに入った選手だ。社会人野球はトーナメントの大会ばかりなので、基本的にはほとんど一発勝負の戦いだ。そのため、試合に負けたときの会社からの批判や風当たりが尋常ではない。

野球部の選手全員で、工場の門の前で整列し、負けてすいませんでしたと一日中謝罪させられるチームもあるという。仕事をしないで野球をしているのだから、負けたときは謝れという社員がいるらしい。僕からすれば、そんな人たちに謝る必要はないと思う。しかし、彼はそんな奇妙で厳しいプレッシャーの中で野球をやってきたので、トラウマになっていて切り替えられない。**コーチとしての僕の仕事は、そのトラウマを取り除いてあげる育成行動だ。**

こういうタイプの選手に必要なのは、技術指導ではない。「おまえの失敗は許される範囲なんだから、早く忘れて次に向かえば、必ずいい結果が出るよ」という声がけだ。

中上級者（中堅）に対するコーチング

- 技術的に言うことはないので
  育成行動を行う
- 相手の話を聞き、受け入れつつ、
  説得や声がけをする

第四ステージ

「上級者（一流・エース）」は、寄り添いつつ信頼関係を維持する

第四ステージに到達している上級者は、いわゆる「エキスパート」だ。技術的にも精神的にも成熟していて、コーチは寄り添うだけ、見ているだけ、何かあったときの「相談役」でいい。

今のプロ野球界には、このステージにいる選手はほとんどいない。先ほどご紹介したように、メジャーリーグに行く直前のダルビッシュ選手、ソフトバンクホークスのサファテ選手がこのステージに該当する。彼らの考えはほとんど間違っていないので、聞いてあげるだけでいい。

ただし、何か問題が起きたときに出てくる課題が高度なので油断できない。しかも、彼らはコーチを試すようなことを仕掛けてくる場合がある。

メジャーリーグ、アトランタ・ブレーブスが一九九〇年代後半に投手王国になったときのピッチングコーチ、レオ・マゾーニー氏がこんなことを言っていた。

「グレッグ・マダックスなんか、とんでもない質問をしてくるんだよ。ある試合のある一球を取り出して、あの投球は正解だったか間違いだったか聞いてくるんだ」

それぐらい高度な質問をしてくるので、このステージの選手には常に高度なレベルの話をし続けなければならない。エースと呼ばれるような優秀な人は、本当に高いレベルの話しか聞いてこない。いずれにしても、コーチがそこで彼らが納得できるような答えを出さないと、簡単に見限られる。

質問をしてこない選手に、あえて質問がないかを聞く必要はない。サファテ選手などは基本的におしゃべりが好きなので、その聞き役になるだけで十分だ。もちろん英語だったので、半分ほどしかわかっていなかったが、ただ「リアリィ?」と相槌を打つだけで、彼は満足していたようだ。

一流の人を育て、チーム全体にいい影響を与える

一流の選手は、自然とチームメイトから注目される。先ほどのチームBの選手は、僕がサファテ選手と話していた内容をしきりに気にしていた。ピッチングに関して、参考になる話があるのではないかと考えたのだろう。やがて、若い選手がサファテ選手にピッタリと寄り添い、さまざまなことを教えてもらっていた。

第四ステージの選手を育てれば、チーム全体にいい影響を与える。一刻も早くそういうタイプの選手を育てるコーチングをして、あとは見守ってあげる。そういう循環にしていくのがコーチングの理想だと思う。

ファイターズでは、宮西尚生選手が近いところにいる。彼はリーダーになっていくのにふさわしい人材だ。彼がそのステージに行けば、ファイターズの若手にもいい影響がもたらされ、全体が違うステージに入っていくのではないか。僕はそう期待している。

上級者（一流・エース）に対するコーチング

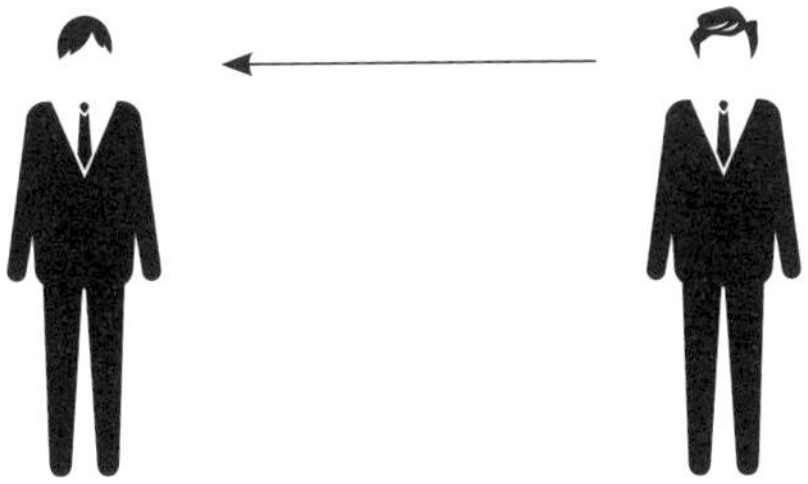

- 指導行動・育成行動の必要はなく、寄り添うだけでいい
- 質問が高度になり、相談役として高いレベルの話が求められる

常に相手を観察し、四つのステージを見極める

基本的に、コーチングは四つのステージに分類して指導を使い分けていくが、選手がどこからどこのステージに移動したかを見極めるのも、コーチに課せられた重要な仕事になる。その見極めにはさまざまな要素があるが、もっとも重要なのは選手が直面している課題の種類と大きさだ。

その選手の中心的な課題がピッチングフォームや配球、投球のメカニズムに関してだけだったら第一ステージだが、それ以外に育成行動に関する悩みがあれば、第二ステージのコーチングをすることも視野に入れなければならない。しかも、第一ステージと第二ステ

ージにきれいに分かれることはまれで、境目にいる選手には二つのステージのコーチングを意識しながら指導を進めていく必要がある。

言葉を聞くだけでなく、目で見て確かめることも重要

重要なのは、常に選手を観察することだ。観察し、その変化に敏感にならなければならない。選手の課題は、極端に言えば日々変化する。その課題が技術なのかメンタルなのかによって、ステージをあちこち移動していく。ある選手が、あるステージにとどまり続けることは、基本的にほとんどない。可能性として考えられるのは、技術的にも精神的にも成熟した選手が、第四ステージに落ち着くケースだけだろう。第一ステージから第三ステージまでは常に移動しているので、コーチは細心の注意で観察する必要がある。

選手の言葉を聞くのは重要だが、選手が自分で主張する悩みと、客観的に見える課題が異なる場合もある。選手の言葉だけでなく、コーチが自身の目で見て確かめる作業も怠ってはならない。

このスポーツコーチング型ＰＭモデルが、僕が基準にしているコーチング手法だ。

迷ったときにはこのマトリクスを引っ張り出し、選手の位置を確認することもあった。

みなさんにも、まずはこのマトリクスを理解してもらい、コーチングの基本行動として取り入れていただきたい。

ただ、毎日のように照らし合わせる必要はない。**何か普段とは違う課題が出てきたようなとき、選手の行動に変化が生じたときに、自分の考えを整理する意味でこのマトリクスを使っていただければいいと思う。**

僕の経験では、ほとんどの選手が第二ステージの中級者に分類される。おそらく、それはビジネスの現場でも変わらないのではないだろうか。

それは、選手や社員にとって、コーチングの役割が非常に大きいことを意味する。

コラム：影響を受けた指導者②

心をうまくつかむ〜仰木彬監督

仰木彬さんといえば「仰木マジック」という代名詞が有名で、誰も考えつかないような作戦を立てる監督として有名だ。あのイチローの名づけ親でもある。

近鉄バファローズ時代、ヘッドコーチだった仰木さんの翌年の監督就任が決まった年の夏、たまたまウエイトトレーニングのジムで仰木さんと二人きりになった。当時の僕は、まだ一軍で二勝しかしていない未熟な投手。それなのに、仰木さんは僕に向かってボソッと口走った。

「ヨシよ、来年おまえをいい場面で使うからな」

どういう意味か聞く前に立ち去ってしまったのでわからずじまいだったが、ずっとその言葉が心に引っかかっていた。そのうち、自分の中で「わしは来年大活躍する」という予感が勝手に膨らみ、オフの練習に身が入った。

翌一九八八年、仰木監督体制になった一年目、シーズンが始まると言葉通りいい場面で使ってくれた。一軍で二勝しかしていなかった僕が、勢いに乗って抑えのタイトル「最優秀救援投手」のタイトルを手にした。

仰木さんが計算ずくで言ったかどうかは、確認していないのでわからない。でも仰木さんだったらあり得るかもしれないと思えるほど、言葉の使い方がうまかった。

計算ずくで叱り、高いパフォーマンスを出させる

仰木さんには、かなり叱られた。あとで聞いたところによれば、**仰木さんは僕は頭に血が上っている状態でマウンドに上がったほうが、高いパフォーマンスが出るのを知っていた。**だからわざと叱りつけ、僕に反発させてマウンドに上げた。僕はまったく気づいてい

ない。登板前によくわからない理由で叱られ、腹を立てて投げる繰り返しだった。

仰木さんに反発し、本人の目の前で監督室の机をひっくり返したこともある。でも、計算ずくで叱っているから、監督の机をひっくり返しているのに、仰木さんは何も言わずに部屋を出ていった。普通、こんなことをしたら大問題になる。クビかトレードは当たり前だ。でも何も起こらなかった。まさに計算ずくだったとしか思えない。

もう一つ印象的だった出来事がある。近鉄とオリックスが合併して誕生したオリックス・バファローズの最初の年、仰木さんが監督になった。たまたま僕もバファローズに在籍していたが、ピッチャーが打ち込まれて勝ちゲームを落としてばかりいた。

そんなとき、仰木さんがピッチャー陣に招集をかけた。

「クイックミーティングをするから集まってくれ」

誰もが「おまえら、しっかりしろ！」と怒られると思っていた。ところが、険しい顔でミーティングルームに入ってきた仰木さんが、みんなを前にしてこう言った。

「うん。こういうときもある。チャレンジやぞ。へこたれるな」

これだけ言うと、さっと部屋を出ていった。**怒られると思っていたのに、励ましてくれた。その言葉で、仰木さんのために頑張ろうという気持ちにさせられた。**ずっと自分のためだけにやってきたプロ野球選手たちが、チームのために、監督のために頑張ろうという気持ちになった。仰木さんは、頭のいい人だった。言葉を巧みに使い、選手をその気にさせる魔法を使えるのが仰木さんだった。

恥ずかしい言葉をあえて口にして、チームを奮い立たせる

ファイターズ時代、優勝の芽が出てきたときに、仰木さんを見習って選手の心をつかもうと声がけをしたことがある。

「おまえらのおかげで、俺もコーチとして楽しい日々を過ごさせてもらっている。最後まで頑張って、最高の気分を味わおうぜ」

普段は恥ずかしくて絶対に言わないような言葉を、あえて言った。チーム状況が良くなかったので、このままだと優勝できない。選手たちのためにもならない。だから自分を奮い立たせ、歯の浮くような言葉で語りかけた。

僕もそうだったからあえて言うが、野球選手は単純だ。そういうことを言われると、な

ぜか頑張ってしまう。自戒を込めて言うが、コーチはそういう「臭いセリフ」を平気で言えるようにならなければいけない。元ニューヨーク・ヤンキースのデレク・ジーター選手などは、平気でそんなセリフを口にする。

「俺たちの後ろには、たくさんのファンがついてるんだぞ。ここでへこたれるわけにはいかねえぜ」

スポーツ選手に限らず、そうした「ペップトーク（試合前に監督やコーチが選手を奮い立たせるために行うトーク）」は効果的だと思う。どんなことを言えば、選手の心に火をつけられるか。恥ずかしがっていては、選手の心に響かない。仰木さんは、こういう言葉で選手の心をつかむのが非常にうまかった。

自由放任の中にも越えてはならない一線を引く

野球は個人競技に近いチームスポーツである。それでもチームスポーツなので、チームのルールは決めておかなければならない。

巨人のような世間に注目されるチームは、ルールの許容範囲が狭い。深酒するな、ひげを生やすな、ユニフォームを着ていないときは紳士のように振る舞え。かなり細かいところまで踏み込んだルールがある。

仰木監督にも、仰木監督のルールがある。しかし、その枠はかなり広い。いくら酔っぱらっても、試合が始まるまでに球場に来て、しっかりとプレーができればおとがめなしという感じだった。仰木さんは、そういう監督だった。

ただ、越えてはいけない一線はあった。**チームに迷惑をかけるルール違反は、絶対に許してくれなかった。**定められた集合時間に遅れたり、試合に来なかったり、試合中にサインを無視したり、チームプレーを怠ったりした場合は、温情はいっさいなく、二度と使ってくれない。二軍に落とされたら、二度と一軍に上げてもらえない。

仰木さんは、自由奔放でやりたい放題に見える。でも、一線を越えると容赦ない裁定が待っているから、チームはここぞというときには引き締まる。これは、コーチにも必要な大事な資質だと思う。例外をつくらない。チームの主力選手でも、ダメなものはダメ。緩すぎるとなめられるし、厳しすぎると選手のモチベーションが上がってこない。その加減は難しいが、仰木さんはひょうひょうとやってのけた。

ただ、チームに迷惑をかけるルール違反を除けば、だいたいOKだった。遠征先で朝まで麻雀をしていると、隣で監督もやっていた。

「おまえらまだやってるのか」

そう言いながら、ホテルに先に帰ったのは僕たちだった。

振り返れば、僕たちの現役時代はひどいものだった。ナイトゲームが終わってホテルに戻ると、すぐに着替えてロビーに集合する。ホテルから雀荘まで走り、朝の七時まで卓を囲む。ホテルに帰って昼まで寝て、食事をしてから球場で練習。その後ナイトゲームを戦い、また雀荘に行くというサイクルだった。

これほどいい加減な生活をして、よくコンディションを保つことができたと思う。生活もメチャメチャなら、コーチの指導法もメチャメチャだった。そのメチャメチャな指導で勝ち残った選手だけが活躍できる。それは、人間離れした才能の持ち主か、生まれながらにして屈強な身体の持ち主か、どんなことにも耐えられる根性があるかだ。

芽が出なかった選手にも、素晴らしい才能の持ち主がいたと思う。メチャメチャな生活とメチャメチャな指導のおかげで、つぶれてしまったのだ。つぶれなかった選手だけが伝説をつくり、それで野球界が成り立っていた。プロを目指す野球選手が少なくなった今、昔のようにはいかない。こんな生活と指導では、野球界は縮小していくだけだと思う。

第3章
コーチングを実践する

コーチング三つの基礎「観察」「質問」「代行」

この章では、実践的なコーチングのやり方について紹介する。

基本的に僕のコーチングスタイルは、はじめに「観察」する。これはほとんどのコーチがやっていると思う。次に「質問」する。コーチから選手に「何をやりたいか」「どう思っているか」などを聞く。最後に、その選手の立場に立って「代行」する。指導する選手にはどのような方法が合うか、どう伝えればいいか、その選手になりきって考えるという意味だ。この三つの段階を経たうえで、具体的な指導を選手に伝えるようにしている。

僕がコーチになりたてのころ、観察はどのコーチもやっていた。見よう見まねで僕もやったが、次の段階の質問をしないで、選手が聞いてくるまで待っていた。選手の立場に立って考える代行も省き、質問されたらいきなり自分の経験を話し始めた。ほかに方法を知らなかったのでそうやっていた。だが、その方法では間違っていると思っていた。自分が選手だったとき、そのやり方でコーチから有効なヒントをもらったことがない。今の自分もそういう状態に陥っているとわかっていたが、ほかにやれることがなかった。

答えを教えても相手を惑わせてしまうだけ

すぐに答えを教えてしまうコーチングは、選手にとって良くないのではないかと思っていた。**答えといっても、それは僕の答えなので、その選手に合っているかどうかわからない。**むしろ、選手を惑わせている罪悪感がいつもあった。しかし、ほかのコーチはそのやり方で自信満々にコーチングをしている。僕もそういうコーチングができるようにならないといけないのかと思いながらやったが、やればやるほど疑問が湧き上がってきた。

そこで、コーチングに関する本を、手当たり次第読みあさった。しかし、あまり意味がないと思った。なぜなら、自分の中の引き出しが少なすぎたからだ。本を読むことで知識は増えたが、自分の中の引き出しに本で得た知識が収まらず、その知識の表面をなぞっているにすぎなかった。だから、せっかく本で得た知識に、説得力を持たせられなかった。

本の知識をなぞるのではなく、自分の中で処理しなければ高まっていかない。**本の知識を理解するためにも、コーチングの基礎知識を知るべきだと考えた。**専門家の先生の研究から得たもの、その人の経験から得たものを学んだほうがいい。そう思って大学院で勉強することを決意した。案の定、大学院で学んだあとは、読んだ本の中から引き出せるものが多くなったと感じる。

観察、質問、代行という、コーチングの基礎となる三つの行動は、その大学院で学んだことの集大成だ。これから三つの行動を分析し、一つひとつ解説していきたい。

観察・質問・代行の３ステップ

①観察……相手のことを知る

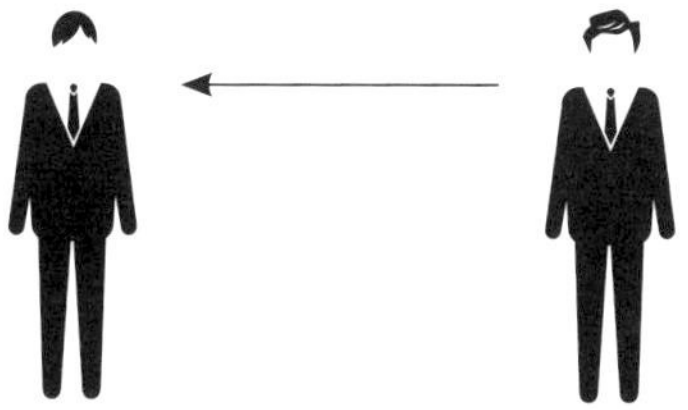

②質問……相手に話をさせる

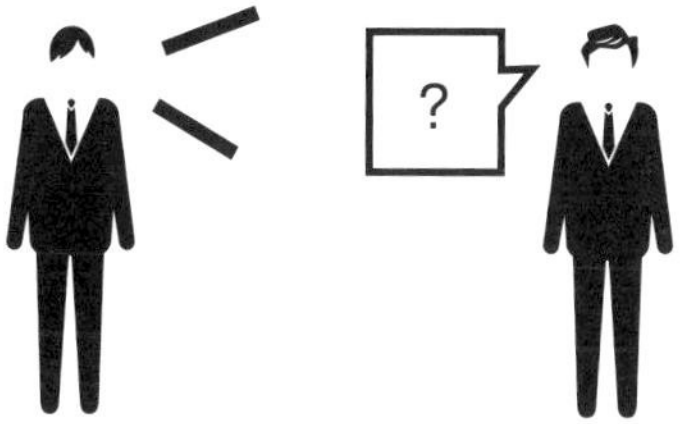

③代行……相手になったつもりで考える

「観察」は相手の特徴を徹底的にリサーチしたうえで行う

どうしてこの選手は頑張っているのに、結果が出ないのか。これこそが「練習の質」という意味での観察のポイントになる。多くの場合、練習の強度が高すぎるケースが該当する。強度を落としたからといって、サボっていることにはならない。選手のレベルに合った強度は、まず観察によって見つける。

これは、ビジネスの世界でもあるのではないか。同じ仕事をしているのに、負担が大きすぎてストレスと感じる人もいれば、それほど負担に感じることなくストレスとは無縁の人もいる。**同じ仕事をしているのに、成長する人と成長しない人がいる。そういう問題も**

観察で見極め、コーチが対策を打たなければ、本人にとっては効果がない。

基本的に、本人は気づけない。だから、自分は頑張っているのにどうして結果が出ないのかわからず、精神的にネガティブになっていく。観察によるコーチングは、それを未然に防ぐことができる。

観察をするときのポイントは、あらかじめ選手の特徴をしっかりと把握しておくことである。技術的な面はもちろん、選手の性格、食生活、睡眠まで押さえておいたほうが、観察の精度が上がる。ただし、選手本人に直接聞いてはいけない。周囲の選手やスタッフなどにそれとなく聞く。

「あいつ、最近どうなん？」

「悩んどらん？」

「飲みに行っとんの？」

「負けた日は、どうしてるん？」

他愛のない会話の中から、選手の特徴を拾い出していく。これは僕だけではなく、多くのコーチがやっている。人それぞれやり方は違うが、本人に直接聞いたり、あからさまにやっている人も多い。それが間違いとは言えない。

ただ、僕がそれとなく情報を集めるのは、本人の情報にはバイアスがかかっていることが多いからだ。それでは真の姿は把握できない。

しかも、僕は性格的に人に対する好き嫌いが出やすい。それがあからさまに出てしまうようでは、コーチとしては失格だ。だからなるべく選手との距離が近くなりすぎないようにしている。両面の意味で、なるべく本人に直接聞かないという方針をとっている。

観察によってさまざまなタイプを把握し、傾向と対策を立てる

観察をすると、人にはさまざまなタイプがあることに改めて気づかされる。

一生懸命やっていないのに、言い訳するタイプ。自分がやるべきことをやっていないのに、うまくいかなかったことを他人のせいにするタイプ。うまくいかないことに腹を立てて、物に当たるタイプ。他人の目を気にしすぎるタイプ。やんちゃでわがままだが、懸命に努力するタイプ。プロ野球選手だけでも、バラエティーに富んでいる。

そもそも、やるべきことをやらなかったり、ただ言い訳に終始したりしては、決してうまくはならない。プロ野球の選手になれる実力があってもそうなってしまうのは、本人の性格とアマチュア時代の指導法に影響されるからだ。

厳しい指導者に教わった選手は、やらされることに慣れ、自分で考えようししない。考えられないと言ったほうが正確かもしれない。それでも結果を出してきた能力の高さは折り紙つきだが、プロの世界はそういう選手だけが集まってくる。**自分で考え、自分で工夫する能力がなければ、成長はしない。**結果的に、自分以外の何かのせいにすることで、逃げているだけだ。

モチベーションのところで触れたが、誰かに負けたくない、チームで一番になりたいという点にモチベーションの源泉を求めるタイプは、うまくいかなかったときに言い訳が多くなる。モチベーションのベクトルが自分に向いていないため、自分を振り返ることができないからだ。

自分がうまくなりたいから、小さな課題をコツコツとクリアし続けることをモチベーションにするタイプの選手は、そうはならない。挫折や失敗したときでも、もっと頑張らなければならないと気持ちの切り替えができるからだ。

STEP 1：観察

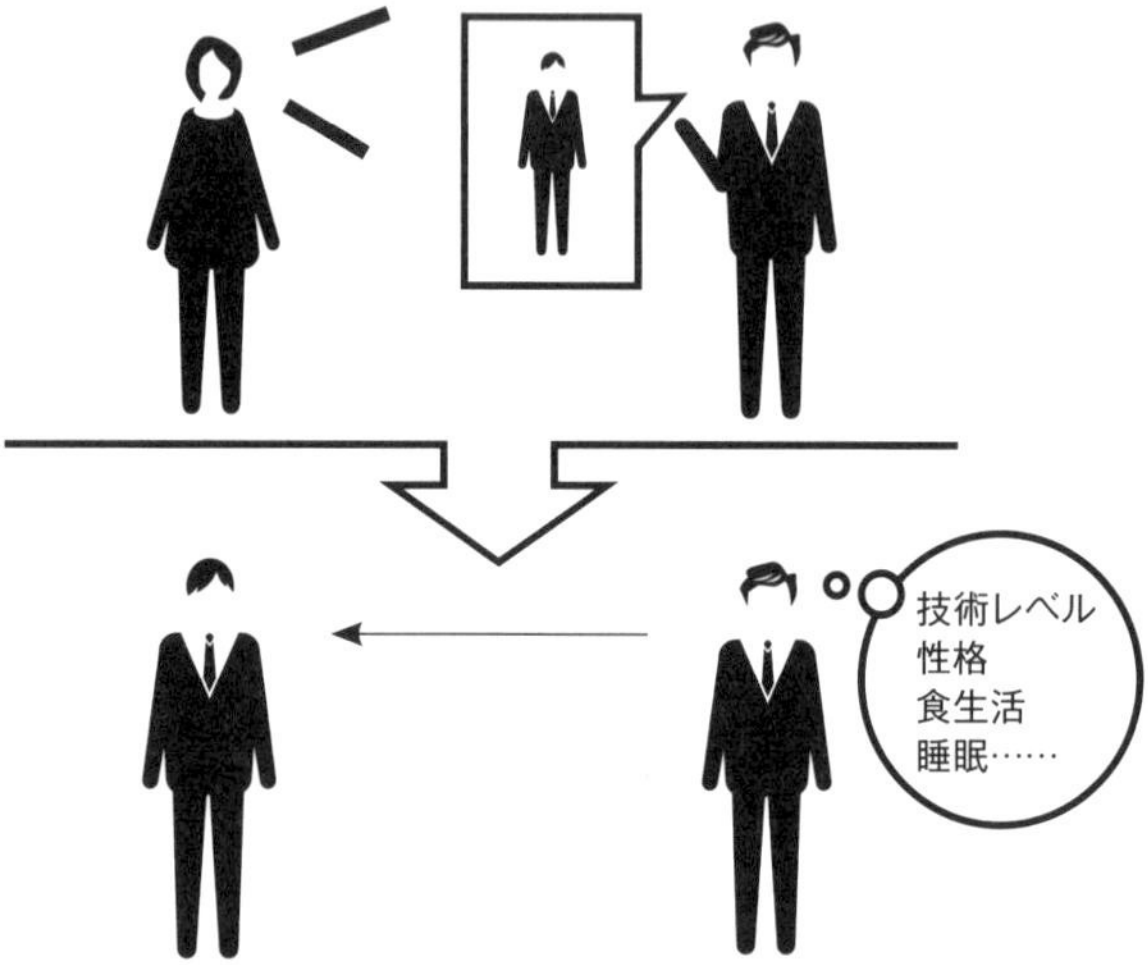

●相手の特徴を周囲から聞いておく

●相手のタイプを把握する

コーチは、選手たちの言動や態度も観察しなければならない。観察し、メモとして残しておく。その情報を総合し、次の質問につなげていく。

「質問」は余計なことを話さないように注意する

自分のプレーを言葉で表現できるようにならないと、そのパフォーマンスが自分の身についたことにはならない。質問は、選手にその訓練を迫るコーチングである。通常、質問は疑問形で相手に言葉を投げかけるイメージがあると思う。もちろん、そのスタイルが質問の大半を占める。ただ、そればかりではなく「うなずき」「相づち」も含めて質問と捉えていただきたい。

筑波大学大学院に通っていたとき、博士課程の先輩に質問の専門家がいた。のちに、たまたまファイターズに入ってきた。その人に、僕の選手に対する質問の文字起こしと解析を依頼した。現在はその分析の結果、効果的だと実証された質問だけに絞っている。

ある投手に今日のピッチングについての質問をするケースで考えてみる。

「今日のピッチングは、自己採点で何点だった？」

「今日のピッチングで、良かった点はどこ？」

「逆に、今日のピッチングで悪かったところはどこ？」

「今日のピッチングで、失敗したところはどこ？」

「失敗したシーンで、もしその場面に戻れるとしたら、どういうことをしたい？」

「それをするために、何か準備をしておいたほうが良かったと思うことはある？」

「それらを踏まえて、次の登板に向けて何をしようと思う？」

おおむね、以上で質問は終わりだ。**基本的には、質問以外は黙って選手の話す言葉に耳を傾ける。**余計な口を挟まない。ただ、選手の知識不足で言葉にできない場合は、少しだけヒントを与え、回答を促す程度のことはやる。

これは、第2章で詳しくお話しした「振り返り」と同じやり方だ。質問に対する回答の中から、その選手が今、何を考えているかを探り出す。それがわかれば、コーチングの質が変わり、対象の選手の心にスムーズに入っていける可能性が高まる。

質問によって相手の言語化レベルを把握する

多くの質問を繰り返していくと、質問に対する言語化が上手な選手と下手な選手の違いに気づく。この違いは、安定感の差につながっていく。レベルの問題ではなく、その人なりの安定感という意味だ。

自分のパフォーマンスをうまく言語化できる選手は、調子の波が小さい。調子が悪いときの状態を正確に表現できるため、迅速かつ正確に対処法のコーチングを受けることができるからである。調子が良い場合も、その状態がコーチに伝われば、その状態をさらに上げていくコーチングを受けられるのだ。

一方、言語化がなかなかできない選手は、調子の波が大きい。調子が悪い状態をうまく表現できなければ、コーチも対処のしようがない。そのため、なかなか悪くなった状態を改善することができない。そのタイプの選手が、いったん調子を落とすとなかなか戻ってこられないのは、そういう理由からだ。良い状態だったとしても、どうして良い状態になっているかの分析ができないため、その状態を維持したり、さらに飛躍させるコーチングができない。

調子の波が少ないほうが、次の課題にも移りやすい。調子の波が小さい選手に現在より少し上の強度の課題を与えれば、波が小さいまま上昇カーブを描いていけるからだ。自分の状態を言語化できない選手は、選手としての基盤となる基礎的な部分を安定させるのに時間がかかる。その間に調子を落とし、つぶれてしまうケースが多い。そういう意味でも、正確に言語化できたほうが選手にとってはプラスになる。

自分自身の姿を見せることで、言語化のレベルを上げる

言語化ができない選手は、自分のイメージと、実際に動いている姿がずれていることが多い。それを合わせていく作業に有効なのが映像だ。自分がどのように動いているかを実際の画面で見て、画面とイメージをすり合わせていくことで、言語化の上達につながる。

僕が若いころ、箕島高校の大先輩であり、プロ野球界の大先輩でもある東尾修さんに言われたことがある。

「おい、ヨシ。自分の投球フォームをビデオに撮ってもらって、しっかり見ろ。最初は自分のピッチングフォームって、こんなんだったんかと思うから。ビデオの映像と自分のイメージが合うようになってはじめて、自分のフォームができたことになるんやぞ」

そのときは、若く知識不足だったせいもあり、どういう意味かわからなかった。その意味がようやくわかったのは、だいぶ経ってからだ。頭に描いているイメージと、自分の身体が実際にどのように動いているかをすり合わせるのは、言語化するうえで非常に大事なことだ。

これは、プロ野球選手ではなくても、経験しているのではないか。

ゴルフをやる人は、スイングをビデオに撮ったことがあるだろう。その映像を見て、イメージと違って驚かれた経験があると思う。マラソンをする人も、自分が走っている姿を映像で見て、イメージとの違いに愕然とした覚えはないだろうか。その驚きや愕然とした感覚こそ、自分のスイングや走り方がわかっていない証拠だ。

ビジネスの現場でいうと、たとえば電話のかけ方が顕著に出る。実際に自分が電話をかけている態度や話し方と、自分がイメージする態度や話し方とでは、かなり違いがあると思う。機会はそれほどないかもしれないが、営業の人は自分の営業している場面を映像に撮ってみると面白いかもしれない。おそらく、イメージとは違うはずだ。

人は、自分の姿はわからないものだ。しかし、わかっていなければ自分の状態を言語化することはできない。他人から指摘されたことを自分で納得し、修正し、自分の言葉で説明するところまでいけないと、自分のものになったとはいえない。

とくに、自分の身体を動かすスポーツは、フォームを見てここがおかしいと思っても、本人がその違いを正確に捉えられなければ、修正することは不可能だ。指摘して修正方法を教えれば、そのときは直る。しかし、わかっていなければすぐに元に戻る。本当にその部分を直そうと思うのであれば、自分で気づいて自分で努力するしかない。そのためにも、しつこいぐらい質問を繰り返し、言語化する癖をつけるしかないと思う。

日記は自分の動きを言語化する訓練になる

言語化するうえで、日記をつけるのは効果がある。

ただし、自分だけがわかればいい書き方ではなく、誰が読んでもわかるような日記の書き方にするのがポイントだ。つまり、自分のプレーを解説者が解説するように、客観的な視点で書くほうがいい。その点で、僕の経験が参考になるかもしれない。

ニューヨーク・メッツに移籍してから、僕は日記をつけ始めた。一年目の春季キャンプが始まってから、メッツに在籍した二年間、ずっとつけていた。その動機は不純だ。もし万が一大活躍したら、その経緯を本にして出そうと思ったからだ。だから、人に読まれても恥ずかしくないように、客観的な視点に立って書いた。

大活躍はできなかったので、日記が書籍化されることはなかった。ただ、そのことを大学院のスポーツ心理学のセミナーで話したら、担当教授にこう言われた。

「吉井くん、きみは知らず知らずのうちに、自分を客観視しながら自分のパフォーマンスを振り返っていたのです。日記を書くことで、いろいろなことに気づき、それをパフォーマンスを上げるために役立てていたんですよ」

僕が日記をつけたのには、そんなたいそうな目的はなかった。教授に言われるまで気づかなかったが、結果的に自分を客観視する効果があったのかもしれない。

一流選手は、誰かに言われなくても客観視ができている。さまざまな競技において一流と呼ばれる選手や、オリンピックに出場するようなアスリートは、試合中に自分の姿を俯瞰している感覚があると聞いたことがある。訓練しなくても、自然に客観視ができる。その能力があるからこそ、自分のプレーを高めていくことができるのだ。

僕には、その感覚はわからない。むしろ、僕の場合は自分を俯瞰するのではなく、自分の中から自分が見えているイメージがある。俯瞰しようが僕のように中から見ていようがどちらでもいいが、自分のイメージを客観的に捉えられるからこそ、正確に言語化ができるのだと思う。

一朝一夕にこの感覚が養われるわけではない。どれだけ努力しても、その感覚が身につかないこともある。しかし、自分を客観視することぐらいは、訓練次第でできるようになる。一流選手のようなレベルにはなれなくても、複雑な構造で成り立っている自分の動きを、一部でも捉えることはできるはずだ。

日記を書くことを、軽く考えてはいけない。コーチングをするときに、有効に使ってほしいと思う。

「質問」の狙いは「自己客観視」と「信頼関係の構築」

質問はコーチングの一つの手法として、選手の状態を知ることが目的だ。しかし真の意味での狙いは、質問によって選手に「自己客観視」させることと、選手とコーチに「信頼関係の構築」を促すことである。

大学院で学んでいるとき、剣道部の先生が面白いことを言っていた。

「剣道の練習では、今の『一本』を言葉で表現する練習をしている。一本につながった自分の身体の動きと、技のコツを言葉で表現すると、より理解が深まるのです」

剣道では、竹刀を振る瞬間に、手を内側に絞り込むらしい。絞り込むことで、竹刀の先が走るという。そういうことを表現できるようになれば、自分を客観視できるようになった証拠になる。**自分を客観視できれば、自分のいいところと悪いところがしっかりと見える。**良いところは残せばいいし、悪いところは改善すればいい。良いときにはこんな兆候が現れ、悪いときにはこんな兆候が現れるなどの気づきも出てくるので、改善のためのコーチングがしやすくなる。

自分を客観的に振り返ることができれば、さまざまな点に気づくはずだ。気づいた点からさまざまなヒントを得られるので、自己客観視は繰り返しやってほしい。

相手と信頼関係を築きつつ、必要な言葉を導く質問を投げかける

それと同時に、選手が言語化した内容を、コーチは肯定してほしい。**肯定され続けていると、選手はコーチを信頼し、コーチの指示を聞く準備ができてくる。**とはいえ、選手が言語化した内容が、すべて肯定できるとは限らない。否定しなければならない場面も数多く出てくるはずだ。しかし、頭ごなしに否定するべきではない。

本人は「こうしたい」と思っているのだから、その方法ではうまくいかないことを押し

つけようとしても聞き入れてもらえない。自信とプライドを持っている選手ほど、そっぽを向く。考え方を変えてもらうには、押しつけではなく説得が有効だ。

「なるほど、そういう方法もあるのか」

そう思わせるように仕向ける必要がある。そのとき、タイミングも考えるべきだ。**結果も出ていないうちに、自分のやり方を否定されるのは気分が悪くなる。**いくら間違っているのが明らかでも、そのタイミングで言ってはいけない。まずは本人のやり方を容認してやらせてみる。結果としてうまくいかなかったとき、失敗の原因を言わせる。

「今回うまくいかなかったけれど、何が原因やったと思う?」

その回答の中に、コーチとしてアドバイスしたい内容につながる言葉が出てきたら、その言葉を契機にして一気に提案してみる。有効な言葉が出てこなかったら、アドバイスしたい内容につながるように、誘導尋問を仕掛けていく。

「ところでさ、これについてどう思う?」

選手としては、結果が出なかったことには気づいている。悪かった点を直して結果を出したいというモチベーションは持っている。一度目の失敗ではこちらに引き寄せられないかもしれないが、次にうまくいかなかったときに同じ提案をすれば、コーチの言うことを試してみようと思うかもしれない。

回りくどいように思われるかもしれないが、常にいろいろな人のいろいろな課題に対する指導のタイミングを見計らっていかなければならないのもコーチの役割だ。マルチタスクを処理する能力が高くないと、コーチングは難しいかもしれない。

相手に選択権を与え、主体性を尊重する

ただし、質問には「これさえやればOK！」というフォームはない。コーチの経験や勘に頼る部分が大きいので、失敗することもある。指摘するのが遅れたために受け入れてもらえるタイミングを逃したといった声は、よく聞く。

メジャーリーグのコーチは、契約上の責任問題が関係するからかもしれないが、選手に指導したいことがあれば、ずばり斬り込んでいく。

「こういうやり方もあるけど、選ぶのはおまえだ」

どこかに「俺は言ったからな」というアリバイづくりのような匂いがする。しかしなが

ら、そうしたコーチングスタイルが選手を尊重しているように見えるのもたしかだ。**自分のやりたい指導を選択肢の中に含め、選択権は選手に与える。**プロのコーチとしてはフェアなやり方だとは思う。

正直に言えば、僕もそのスタイルでやりたい気持ちもないわけではない。しかし、選手の育成という側面を考えると、選手が選択した方法が明らかにうまくいかないとわかっているのであれば、その選手にとって最善だと思う方法に誘導したいと思う。だから、僕は面倒くさいコーチングに積極的に挑戦する。アリバイづくりをするような真似はしない。

ある程度年齢を重ね、自分で責任を取れるような選手に限っては、方法を提案するだけで、やるかやらないかを選手の意思に任せる場合はある。これは、第一ステージに近い育成レベルの選手と、第四ステージに近い成熟レベルの選手とでは使い分ける。選択肢に対する判断能力がある選手に、自分の意思と違うことを嫌々やらせても、うまくいかない。

高卒で入団したルーキーが二軍ではうまくいっていたのに、その結果を評価されて一軍に上がったものの、しばらくして再び二軍に戻ってきた。そして彼の投球フォームは、二軍を出て行ったときとまったく違うものに変わっていた。

本人に聞くと、ある先輩のフォームを真似て、変えたそうだ。先輩はいわゆる大スターで、その選手の憧れの存在だった。先輩のようなフォームで投げたい気持ちはわかる。しかし、先輩とその選手とでは体形も筋力もまったく違う。同じフォームで投げても、同じボールが投げられるわけではない。僕の目から見て、以前のフォームのほうが明らかに良かったし、その選手に合っていた。

「でもな、おまえにそのフォームは合っていないよ」

「いえ、僕はこのフォームで投げたいので、これでやります」

その選手はそう言い張ったので、僕も無理やり変えることはしなかった。

「そうか。だったら、そのフォームでベストになるように、わしも協力するわ」

それから彼も努力をしたが、結局うまくいかなかった。その選手は、それ以来一軍に呼ばれることはなかった。潜在的な能力は高い選手なので、一瞬は活躍できる。しかし一軍の選手に必須の条件である、一年間安定して活躍できるようなパフォーマンスは出せない。

明らかに間違った選択に対しては、コーチが立ち入るべき

自分に合っていない方法を選択することによって、自分の選手生命が短くなっても、活躍できなくてもいいという腹のくくり方は、若い選手にはできない。必ず後悔するときがやってくる。ベテランであれば本人に任せればいいが、若い選手にはコーチとして方針転換を迫る必要もあるのかもしれない。

たしかに、本人の選択に任せるのは、個人を尊重しているように見える。**だからといって、明らかに伸びない、あるいは故障する可能性があるのに、コーチが本人の選択に立ち入らないのは、コーチとしての職務を放棄しているような気がする。**

事例に挙げた選手は、PMモデルにおける第一ステージにいた。まだ社会人力をつけさせる育成行動をする必要はないので、本来は頭ごなしに「そのフォームはおまえに合っていないから、こっちのフォームでやれ」と言ってもいい時期だったと思う。当時は僕も知識や経験がなかったから、非常に迷ったし、難しいと感じたケースだった。

選手は、コーチよりも先輩の言うことのほうが聞きやすい。僕も選手のときに、コーチ

の言うことより先輩の言っていることのほうが正しいと思っていた。だからこそ、コーチのアドバイスに耳を傾けるような雰囲気をつくっていかなければならないし、選手のほうもコーチを信頼するように変わってほしいと思う。

上下関係を超えた信頼関係を構築する

これは、コーチと選手の社会的勢力の問題だと思う。日本では、コーチと選手というだけで、上下関係ができている。先輩と後輩の間にも上下関係はあるが、コーチと先輩のパワーの強さが違う。どうしても、より身近に感じる先輩の言うことを聞いてしまう。コーチよりも先輩のほうがパワーは弱くても、吸収しようとする姿勢がパワーの差をはるかにしのぐ。結果的に、その選択が選手をつぶしてしまう。だから怖いのだ。

ビジネスパーソンも同じだと思う。上司の業務命令には従うが、上司のアドバイスと有能な先輩のアドバイスを比較したとき、有能な先輩のアドバイスのほうを信奉する人は多いのではないか。その結果、違う方向に進んでしまう可能性がある。先輩は自分の仕事に

STEP 2：質問

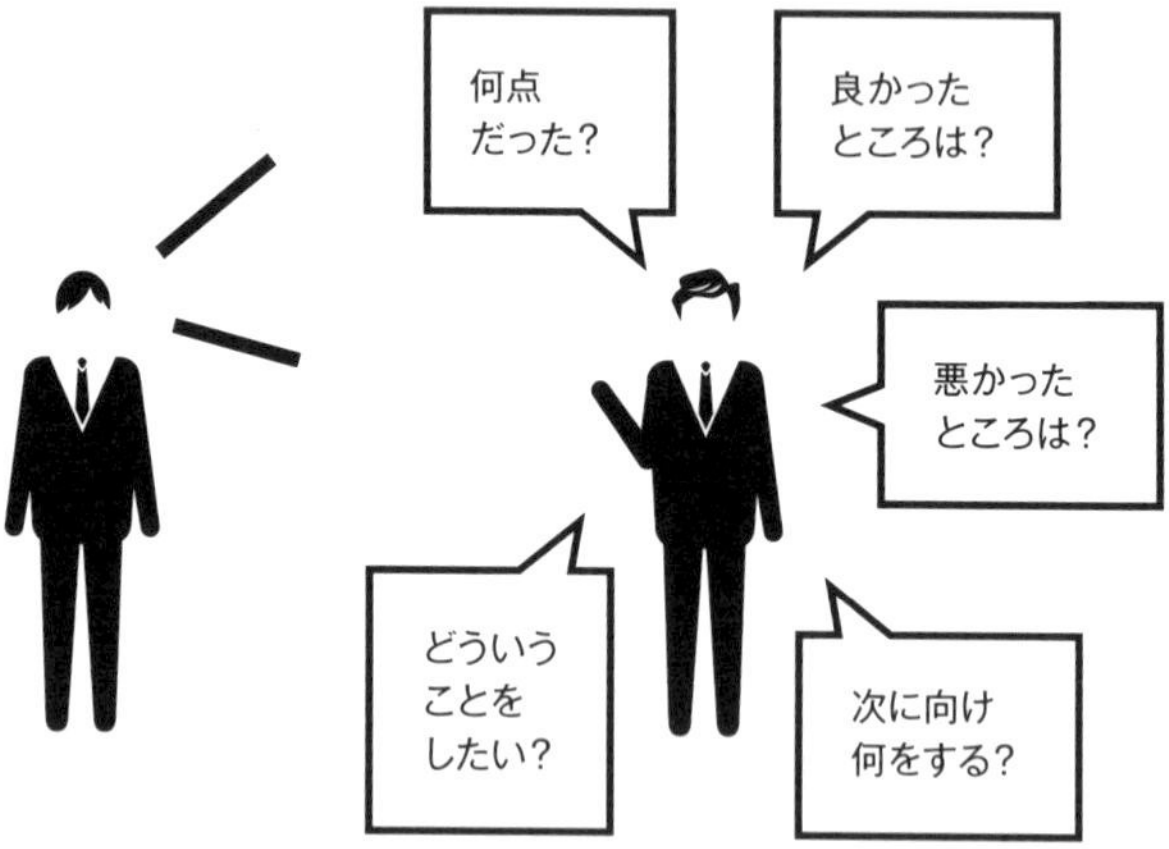

●相手が「自己客観視」できるように
質問に徹する
●相手の主体性を尊重し、
信頼関係を築く

関しては優秀だが、コーチングという点に関して未熟である可能性が高い。先輩のやり方を盲目的に真似ても、自分の能力と乖離していればうまくいくはずはない。

コーチと選手の信頼関係を築くというテーマは、永遠に続く解決策の見えない問題である。**とはいえ、コーチは選手との間に信頼関係を構築する努力を怠るべきではない。**正解と呼ばれる方法はないにしても、常に正解を模索し続けるべきだろう。

「代行」によって、相手の立場に憑依する

代行は読んで字のごとく「代わりに行う」ことで、コーチが選手になったつもりで考えるという意味である。**ただし、旧来のコーチにありがちな「自分だったらこうする」と考えるのではなく、視点を変えて「その選手だったらどうするか」と考えていくことだ。**抽象的で難しい考え方だが、コーチとして技術を指導するうえでのポイントになる。

たとえば、ピッチングのときに「身体を開かないように」というアドバイスをしなければならない選手がいたとする。たしかにコーチから選手を見ると身体が開いている。だか

ら、言葉で「開くな」と言うのは、自分の目で見たままのことを伝えるだけなので、簡単である。

しかし、実際に身体を開かないための「コツ」は、当人の感覚によってまったく異なる。僕がアドバイスするとしたら「グローブを自分の胸の中に入れて投げろ」と言う。グローブを持つ手を胸の中に入れるようにすれば、勝手にグローブを持つ手のサイドが閉じる。だから開かずに投げられるという感覚が僕にはある。

しかし、そう言ったとしても、選手に開かない感覚が生じなかったら、グローブを胸の中に入れても開いてしまう。

これは「わかる」と「できる」の違いだ。わかってもできなければ、違う言葉で伝えなければならない。

指導する選手には、どのように言えば伝わるのか。それを考えるのが、代行という意味である。

この代行の手続きを踏まないと、指導した技術を選手がものにできないときに「どうしてできないんだ?」という疑問になる。

つまり、自分がその選手の体の中に入って動くとしたら、どうするかという感覚を持つことだ。もちろん、感覚の問題なので、正確にはわからない。ただし、できるだけ想像しておくことで、ある程度の感覚を共有できる水準には至ると思う。

相手の視点に立った感覚を持ち、自分の言葉がどう受け止められているか考える

選手がどうしたいか。選手がどう感じているか。自分のアドバイスを選手がどのように受け止めているか。それを考えないコーチが多い。そこが日本のプロ野球界のコーチの足りないところだと思う。自分ができたことは他人もできると思い込むコーチのせいで、選手を混乱させていることに気づくべきだ。

コーチと選手の間で、身体を開かないというときの「開かない」の感覚が違っていたとしたら、そこにギャップが生じる。その選手に合っていることを言っているつもりが、合わない指導になる可能性がある。選手によって、身体の動かし方によって、伝え方が異なることを理解するのはとても重要だ。

代行を行うには、観察と質問、自己客観視と信頼関係を磨いておかないといけない。選

手が言語化した感覚と、コーチの感覚が限りなく近い状態をつくっておかないと、そのギャップはどんどん大きくなっていく。

相手を理解するためには、知識を学ぶことも必要

二〇一〇年に二軍コーチをやっていたときの話だ。インド人と日本人のハーフで、ダルビッシュ二世と期待されていたダース・ロマーシュ匡という選手がいた。一五〇キロを超える速い球を投げるピッチャーで、手足の長さがダルビッシュ選手よりも長かった。ダルビッシュ選手のように投げてほしいと思っていたので、日本人風にしっかりと重心を落とし、身体が開かないように投げろと教えた。だが、ダース選手は教えた通りに投げて質の高い球を投げても、首をかしげている。

「なんかおかしい。違います」

結局、彼をコーチングしている間は何が違うのかわからなかった。

だが、その後大学院で細かくピッチングについて学び、ようやく気づいた。

腕が短い日本人の場合、腕を最後まで見せないように「ため」をつくって投げるほうが理にかなっている。しかし、ダース選手は腕が長いため、身体が少し開いても腕を振るスペースを空けてあげないと、気持ちよく投げられないのだ。それに気づいたのはずっとあとになってからだが、それもダース選手の身体になってみないとわからなかった。これこそが代行の要諦だ。

ダース選手はインド人と日本人のハーフなので、僕は日本人の感覚で教えた。もし代行を行っていれば、外国人だと思って指導できたはずである。

当時のダース選手に質問したとしても、本人はまだ未熟だったので「気持ちよく振り抜きたいけれど、窮屈でそれができない」という答えは返ってこなかっただろう。僕の中にも、身体を逃がして腕を振るスペースをつくって投げるという、日本のピッチングの教え方としては非常識な発想は出てこなかった。でも、ダース選手の感覚になって考え、その発想にまで至らなければいけなかったのである。

日本の選手のように、きれいに型にはめてしまうと、多様な選手たちそれぞれの、最高のパフォーマンスは出せない。これはもう常識になっている。ただ、個々のケースは経験してみないとわからないし、学んでみないとわからない。だとしたらこの代行で、その人だったら一番高いパフォーマンスが出せるのは何かを追求していく必要がある。

稀に、本人の感覚を一瞬で見抜いてしまう優れたコーチがいる。しかし僕はそこまで見抜けない。**だからこそ、代行を行うために選手との会話はもちろん、周辺知識などの勉強も必要になってくると思う。**

コーチはとにかくコミュニケーションを重ねなければならない

代行は、メンタルの部分にも及ぶ。

先に、メジャーリーグの「チキン」と呼ばれるピッチャーの話をしたが、はた目から見ると、チキンはビビってストライクが入らないように見える。しかし、実際はそうではない。これは、チキンと呼ばれていた選手に直接聞いたことからわかった。

「どうしてストライクが入らなくなるの？」

「監督はチキンと言っているけど、そんなにビビっているの？」

そう聞くと、彼は即座に否定した。

「いや、俺はビビっていない。バッターをやっつけたくてしょうがないんだ。でも、大事な場面でやっつけようと思えば思うほど、自分のピッチングフォームをちゃんとしなければならないと思いすぎて、いつも通り投げられなくなっちゃうんだ」

これは、その人の気持ちになってみないとわからない。一見すると、逃げて逃げて逃げまくってボールになっているように見えるが、本人は勝負している。真剣になるあまり違うところに意識が向いてしまうため、うまくいかないだけだった。そういう意味で、その人が何を考えているか、しっかりと調査する必要がある。コーチは、インタビュアーとしても有能にならなければ務まらない。

コーチの仕事はほとんどがコミュニケーションである。**強いストレスにさらされるコミュニケーションに耐えられなければ、仕事が全うできない。**安易な気持ちで引き受けるものではない。本当にコーチングに興味がないとできないと思う。

上から押しつける指導であれば、誰でもできると思う。しかし、もはやそうしたタイプの教え方では、選手との間に信頼関係を構築することはできなくなっている。

STEP 3：代行

- 相手の視点に立って共感した状態で言葉を伝える
- 知識を学び、相手とコミュニケーションを重ねる

一対一で振り返りミーティングを行う

試合の翌日、前日の試合について振り返る時間をつくった。基本的にはコーチと選手が一対一で向き合う。あらかじめ質問を決めておき、選手に語らせる。コーチは途中で口を挟まず、聞き役に徹する。

二〇一七年は、若い先発ピッチャー三人をピックアップし、試合の翌日に一〇分程度のミーティングを行い、振り返りを行った。

質問は、次の五つだ。

①**「自己採点」**

②「**試合で良かった点、悪かった点**」
③「**もう少しこうすれば良かったかもしれないと思う点**」
④「**試合の準備がうまくいったか**」
⑤「**これらを踏まえ、次の試合はどうしたいか**」

質問は毎回同じものにした。そのほうが、思考と発言の変化が顕著に出るからだ。自己採点は、点数をつけてもらったほうが振り返りやすいからだ。自己採点の基準は選手によって甘い、辛いがある。その違いが出れば面白いと思って選んだ。この振り返りによって、思いのほか深いところがわかった。

ある選手は、全体的なピッチングは良かったのに一つの失敗を重視し、こちらは八〇点と思っているのに五〇点をつけてくる。かと思えば、ある選手は全体的に良くなかったのに、課題が一つクリアできたことを過大に評価し、五〇点しかあげられないところを九〇点という途轍もない数字を挙げてくる。ただし、この違いはあまり深刻に捉えなくていい。振り返りを重ねていくうち、その基準は変わってくるからだ。

辛めの点数をつける選手は、試合中に気持ちを切り替えられないタイプが多い。一つの失敗を引きずり、元の状態に戻せなくなる。これはメンタル面と技術面のどちらにもいえて、失敗するときはどちらに原因があるか、特定しにくい。そういうときは技術面から修正していき、メンタル面をいい方向に持っていくようなやり方をする。

なぜなら、メンタル面から入ると「取り組む姿勢に問題があった」「もうちょっと全体を見ろ」など、意味のはっきりしない漠然とした話に流れてしまう傾向があるからだ。言われた選手は混乱するだけで、どこを修正すればいいかわからなくなる。だから、なるべく技術のほうにウエイトを置いて修正していくほうが効果的だ。

「良い面」に意識を向けさせる質問をする

選手によっては「コーチは何点だったと思いますか」と逆に質問をしてくる。そういうときには正直に点数を言うが、基本的には聞かれない限りは自分からは言わない。自分の採点とコーチの採点に大きな差があったとき、ネガティブな思考に拍車をかける可能性があるからだ。

たとえば、選手の採点は五〇点だったのに、僕が八〇点をつけていたらどんなことになるか。僕の採点した八〇点を過大評価と捉え「だって」「でも」「だけど」というネガティブワードが出てくる。それは選手にとっていいことではない。

基本的には振り返りに口を挟むべきではないが、むしろ「ここは良かった」というほめ言葉は言うようにしている。良いところはほめてあげると、逆に足りなかった点を積極的に話してくるようになる。前向きなタイプの選手は、自分の失敗の原因をさっと流してしまうので、振り返りで失敗の本質を掘り下げていくことで、次にどうするかについて一緒に考えていく。ゆくゆくは、これをコーチなしでできるようにするのが目標である。

振り返りを始めた当初は、自己採点をさせて一〇〇点に足りなかったところは何かという質問をしていた。すると、選手はマイナス面ばかり探すようになり、ネガティブな思考に陥っていった。それを「できたところは何?」という質問に変えてからは、プラス面を意識するようになり、前向きなミーティングに変わった。

良い面に意識を向けさせる

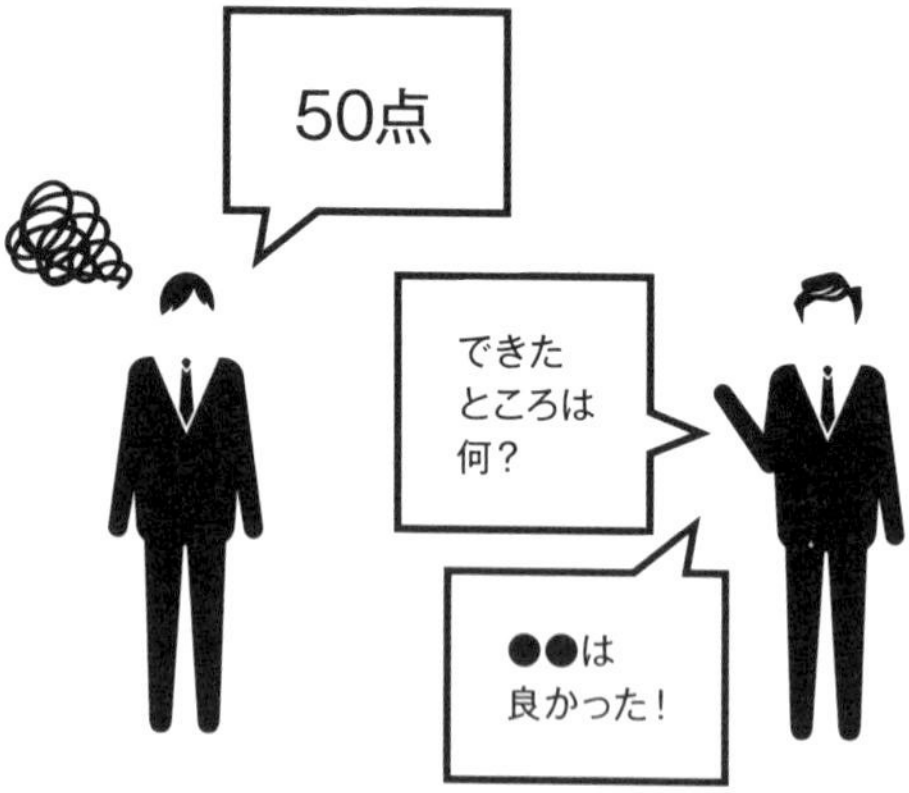

- できたことを聞いて前向きにさせる
- 良かった点は、ほめてあげる

ただ、ポジティブなタイプの選手に良かった点を聞いても、あまり効果は表れなかった。一つのプラス面を高く評価し、できないことに目をつぶっただけで終わるからだ。

そういう意味では、自己採点を高めにつける選手のほうが、進歩は遅くなる。できないことに目をつぶって課題に向き合わないからだ。自信をなくすのが怖くて、悪いところを見ないようにしている可能性もある。できなかったときの逃げ道がなくなるので、それが怖いのかもしれない。

だからといって、ポジティブなタイプの選手を急に軌道修正するのは危険だ。できない点を目の前にして、その重さに押しつぶされてしまうかもしれないからだ。**そういうタイプの選手に対しては、焦らず慌てず、ゆっくり指導していくほうがいい。**

急激な軌道修正よりも、着実な成長を促す

ビジネスの世界では、自分の課題を見つけ、それをすぐに修正し、自分の行動を変えていくスピード感が問われるという。先ほどのポジティブなタイプの選手への対応は、これ

と正反対の方向に進んでいるように見えるかもしれない。

しかし、僕は急激な軌道修正をしないほうが、むしろ早く変化すると思っている。つまり、スピードを求めすぎると結局途中で伸び悩み、ゴールに到達しないと思っているのだ。**反対に、急激な軌道修正をしなければ、歩みは遅いかもしれないが、止まることはない。**回り道をしても、ゴールに到達する可能性は高い。しかもいったんゴールに到達すれば、なかなか能力は落ちないと思っている。

人に何かを言われてすぐに変える人は、思考や行動の起伏が激しい。逆に言えば、すぐに変えさせなければ思考や行動は安定して推移する。起伏が激しい人は、上がるのも急激なら下がるのも急激だ。落ちたときの反動が怖い。安定して長く活躍してほしい人には、結果をあまり急がせないほうが逆説的に成長スピードが速まる。

自分の言葉で正解にたどりつかせる

最後の⑤「これらを踏まえ、次の試合はどうしたいか」という問いに対する答えとして、若い選手から正鵠を射た内容は返ってこない。経験が少なく、思考が浅いから、仕方がないところだ。

それでも、言わせることに意味がある。何度も何度もちぐはぐな答えを返してきても、何度も何度も「こんな方法があるけど?」という質問を繰り返していく。

そのうち「これをやってみたいです」という反応が出てくる。その効果を体得し、徐々に「正解」に近づいていく。最終的に自力で正解にたどり着けるように、質問の質、レベル、方向性を変えてバリエーションをもたせていく。そうすれば、さまざまなタイプの選手の軌道修正に対応できるようになる。

大事なのは、これから何をやるかという方法論のバリエーションではなく、選手に気づかせるためのバリエーションだ。

振り返りでは、身体の動かし方だけではなく、気持ちの揺らぎにも踏み込んでいかなければならない。ピンチの場面でいつもうまくいかないのは、精神的にこうなっているからだ、ということがわからなければ、いつまでたっても改善できない。

僕も若いときにそういうことがあった。フォークボールを決めにいこうとすると、絶対に決まらない。高めに抜けた力のないボールになり、ホームランを打たれた。なぜそうなるのか、まったくわからなかった。わからないから「よし、次は決めてやるぞ」で反省が終わった。これでは、何も変化しない。何度も何度も同じことを繰り返してしまった。

しかし、深く考えるようになってから、あることに気づいた。決めにいこうという思いが強すぎて、コースを狙うあまり身体が前に突っ込んでいた。結果、腕が身体と離れ、抑えが利かずに高めに浮いてしまったのだ。こういうことは、しっかりと振り返らないと気づけない。人の言葉ではなく、自分の言葉で気づくのが大事なのである。

相手の強みを知り、強みを伸ばす

プロフェッショナルは、自分の強みと特徴を活かして戦うことで、活きる道が見えてくる。したがって、まずは強みと特徴を知ることが第一だ。それをいかにして極めていけばいいか。それを考えさせるコーチングが必要だと思う。

「真っすぐのコントロールを良くします」

これを強みだと考えた選手がいた。たしかに、低めに丁寧に集められるコントロールがあれば、それだけで武器にはなる。プロのピッチャーの強みとしては、間違っているとはいえない。

とはいえ、その投手にとって本当にストレートが強みになるのか。コントロールを良くすることで、強みが武器になり得るのか。それよりも、むしろ変化球のコントロールを良くするほうが、強みになり得るのではないか。一般的に評価の高い「アウトコース低めのストレート」を磨くことが、かえってその選手にとっては強みをつくる遠回りになる可能性もある。選手に自分でそれを判断させる指導をするのが、コーチの役割だ。

自分で考えさせるのが重要だという考えに変わりはないが、ここ最近は具体的にこちらから指導をする必要性も認識してきた。

これは、ファイターズが第一ステージの初級者の選手が多いからという理由と、自分で考えさせると時間がかかるというデメリットが大きいからだ。

アマチュアであれば、我慢をして見守るのも選手を成長させる方策になる。しかし、プロフェッショナルは結果を出さなければ解雇される世界なので、コーチからの説得、かなり正解に近いヒントを多めに出す指導があってもいいのかもしれない。

相手の強みを見つけ、他人に負けない武器にする

プロとして生き残るには、成長して上のステージに上がらなければならない。その前提条件として自分の「必殺技」ぐらいは自覚しておかなければならない。現段階では成功率が低くても、自己の強みがあることが自信となり、上のステージに上がる方法を学ぶモチベーションにつながるという仮説があるからだ。

ビジネスパーソンの場合は、成果を挙げなくても解雇されることは少ない。入社してから数年は、基本的にオールラウンドプレーヤーを目指し、あらゆる面でレベルアップを図ろうとする。基本を身につけ、年次を経るごとに自分の強みが浮き彫りにされ、やがてそれを磨き上げていくプロセスをたどる。

それはそれで一つのやり方だとは思う。ただ、僕はそのやり方に賛成できない。**入社して間もない時期で、ほかには何もできないけれど、この分野だけはめっぽう強いという特徴を身につければ、それを足がかりにステージを上がることができるのではないか。**解雇

されないとはいえ、ビジネスパーソンも「プロフェッショナル」のはずである。その点ではプロ野球選手と同じ考え方をして間違いであるはずはない。

プロ野球選手として一軍に入るには、ほかの選手とは異なる強みや特徴がなければ絶対に入れない。ひと通り満遍なく合格点を取っても、一軍でコンスタントに活躍することはできない。何か飛び抜けた強みを磨きに磨いて武器に昇華させ、そうしているうちに経験を積んでほかの部分のレベルも上がっていく。それが、プロ野球選手として成功する確率の高いやり方だと僕は思っている。

ファイターズの宮西選手は、二〇〇七年にドラフト三位で入団した。大学を経て入ってきたときは、身体の線も細く、ピッチングフォームもバラバラ、球種もストレートとスライダーしか持ち球がなかった。ただ、そのストレートとスライダーは、磨けば光りそうなレベルだった。

しかし当初の宮西選手は、シンカーを投げたいと直訴してきた。それを聞いた僕は、新たにシンカーを覚えるよりも、今持っている二種類のボールを極めたほうが一軍に入るための近道だと説得した。彼は納得し、その練習に取り組んだ。

その結果、宮西選手は球界を代表するようなリリーバーになった。今でこそシンカーも投げるようになったが、それがなくともストレートとスライダーという強みだけで抑えられるピッチャーになっていた。

宮西選手のような選手こそが、本当の意味で自分の強みを知る選手だと思う。**唯一の強みが自分を活かす武器になると信じられなければ、強みを磨こうというモチベーションにはつながらないからだ。**

成長のために、自ら課題を設定させる

課題設定は、人間の成長をドライブさせる手段となる。どのような年齢であれ、どのような職業の人であれ、必要なものだと思う。

自ら課題を言語化し、常に忘れないように意識するため、書いておくことが重要だ。課題は自分で設定して自分でクリアするのが目的なので、コーチに見せる必要はない。

ただ、この課題設定をできる選手はなかなかいない。一軍と二軍を行ったり来たりしているレベルの選手では、一〇人のうち一人か二人程度にすぎない。そのレベルに到達していない選手は、適正な課題とかけ離れたちぐはぐなことやり始める。そうした姿を見ていると、いかに能力だけでやってきたかがよくわかる。

何も考えなくても、持てる能力だけで結果が出てしまうから、考える必要性を感じなかったのだろう。だから、技術の壁、心の壁にぶち当たったときに、その壁を越えるための方法がわからなくなる。それを教えてあげるのも、コーチの役目である。


若年世代への指導が「勝利優先主義」か、礼儀を含めた「人間教育」のどちらかに偏りすぎ、人間としてもっとも重要な「自己決定能力」の強化に向かっていないことが、課題設定能力が醸成されない大きな問題だ。

大きな目標を達成するために自ら小さな課題を設定し、自ら解決する。そして、振り返りを行い、新しい小さな課題を設定する能力を培う指導は、コーチングの基本である。僕は、極端に言えばその力を身につけさせるために、練習メニューを自分で決めさせてもいいと思っているほどだ。

「目的」「目標」「課題」の違いを明らかにする

ここで考えなければならないのは、目的と目標と課題の差異を明らかにし、それを把握することの大切さだ。これらは似ているけれども、ニュアンスは異なる。

目的は「何をしたいか」「何をするべきか」「どのような状態になりたいか」という大きく抽象的な未来像で、最終的に到達したい地点を指す。

それに対して目標は、目的を達成するために必要でクリアしなければならない成果や行動である。

そして、目標の成果や行動を実現するために障害となっている状態や行動を課題という。**これらの認識を誤ってしまうと、選手としての努力の方法が間違った方向に向かってしまう。**

目的は「お金持ちになりたい」、その手段として「グレッグ・マダックスのようになりたい」というのが目標になる。そしてマダックスのようになるには「精緻なコントロール

目的・目標・課題の違い

目的

何をしたいか、何をするべきか

→ **抽象的な未来像。最終到達点**

ex：お金持ちになりたい

目標

目的を達成するために
クリアしなければならない成果

ex：No.1の営業成績を出す

課題

目標を実現するために
障害となっている状態や行動

ex：アポイントを10個取る

力を身につける」必要があるため、これが課題になる。

一見してわかるように、目的、目標、課題と下りてくるにつれて、内容はより具体的になり、行動に結びつくようになってくる。ここで、課題に「グレッグ・マダックスのようになりたい」と設定しても、具体的に何をやればいいのかが見えてこない。この三つを自分の中でしっかりと分けておかないと、間違った努力を重ねるだけで、いつまでたっても成果が表れないという事態に陥ってしまう。

つまり、目的、目標、課題を設定できないと、プロフェッショナルとして成功できないと断言してもいい。三つを混同している人が多いと思うが、それでは大きな成果は挙げられない。

これら三つの指標を的確に設定できないと、何も考えることなくなんとなく働き、特筆するほどでもない成果をなんとなく挙げ、いつの間にか現役が終わっていく。プロ野球選手の場合はシビアだから、そこで解雇になる。

課題のクリアを続けることで目標を明確にしていく

さらに重要なのは、小さな課題を自ら設定し、それをクリアし続けることだ。最初のうちは目的や目標は漠然としたものでも、小さな課題をクリアし続けることで、逆に目標や目的が見えてくる。それにより、より具体性が増すこともある。

逆に課題のクリアを繰り返しても目標や目的が明確にならず、具体性を帯びてこないようでは、小さな課題の設定が間違っているということだ。

この作業は、教えなければできない選手と、教えなくてもできる選手がいる。教えなくても感覚的にできる選手は、成長のスピードは速く、成長曲線も急激な上昇カーブを描くことになる。ただ、こうしたセンスがないからといって、成長できないわけではない。

よく「目標はぶれてはいけない」といわれる。しかし、この言説の正当性はおそらくないと思う。目標だって変わっていいはずだし、今、自分が立っている位置と成長度合いによって、むしろ目標は変わらなければおかしい。

自分のステージが上がっているのに、目標が変わらない選手は、自らの努力を怠っていると言ってもいいのではないか。

むしろ、大きな目的を定めたら、その範囲内で目標が変わっていくのが、成長を続ける人間のあるべき姿なのではないだろうか。

自分で問題を解決する思考回路を持たせる

選手が自分で課題を解決する思考回路を持っているかどうかは、表面を追うだけでは絶対にわからない。自分で考えているように見えても、考えている「フリ」をしているだけの選手や、正しい思考をしているかどうかわからない選手が多い。

判断するには、常日ごろからのコミュニケーションしかない。コーチとしても、選手たちと一緒にじっくりと腰を据えて振り返らないと、正確にはわからない。あるシーズンを振り返って課題解決力があると思った選手が、翌年になるとまったくできなくなってしまうことも珍しくない。行ったり来たりを繰り返しながら、思考に慣れて徐々にやり方を覚えていく。そんな形になるのかもしれない。

ファイターズのA選手とのやり取りを、再度思い返してみると、はじめのころは、投球に対する意図がまったく感じられない表現をしていた。たとえば、三振を取りにいく決め球のフォークボールを投げて打たれてしまったとき、A選手に聞いてみた。

「なんでフォーク投げたん?」

すると、A選手は悪びれるわけでもなく、こう言い放った。

「いや、この前対戦したときに空振りが取れたので、フォークでもいいかなと思って投げちゃいました」

しばらく振り返りを繰り返していくうち、A選手に変化が表れ始めた。

「本当は、あの場面はカーブを投げたかったんです。でも、キャッチャーがフォークボールのサインを出したので、フォークボールを投げちゃいました」

自分ではどうすばいいかわかっているけれども、経験不足の自分がキャッチャーのサインに首を振っていいのか。そう考えたA選手は、首を振れないと判断し、意図せざるフォークボールを投げた。

さらに時がたつと、こんな言葉が飛び出してきた。

「あのときは、キャッチャーからフォークのサインが出たんですけど、あの場面は絶対にストレートだと思ったので、はじめて首を振りました」


このように、時間を置いてコミュニケーションの記録を振り返ると、同じ人がどのような内容を話してきたかについての変化が読み取れる。

言語化能力を鍛え、自己改善ができるようにする

A選手は、球種だけでなくフォームの修正面でも思考が大きく変わった選手だ。調子が悪かったとき、はじめのころはこう言っていた。

「今日は、調子悪かったです」

それしか言葉が出てこない。ところが、どうして悪かったのか、振り返りを続けているうちに、ポイントを口にするようになる。

「今日は、下半身がうまく使えていなかったですね」

そして、そのポイントの修正にも言及し始めた。

「下半身をこう使えばうまくいくことを、今日の試合中に気づいたので、イニングの合間に修正してみたら、ボールの質が変わりました」

とても「今日は調子悪かったです」としか言えなかった選手とは思えない思考回路の変化だ。振り返りを続け、質問を重ねていくうちに、新たな気づきが生まれるような思考回路に変わったのだろう。

ここではプロセスをはしょって紹介しているので、劇的に変わったように見えるだろう。しかし実際は、A選手の気づきの変化に、僕もリアルタイムではほとんど気づかなかった。

時間をかけた少しずつの変化は、まとめて見ると大きな変化になっていることがよくわかる。おそらく、記録を取っていなければわからない。ただなんとなく変わったという、漠然とした捉え方しかできなかったかもしれない。

自分がコントロールできることに意識を向けさせる

試合に臨む注意点についても、特徴的な変化があった。

「先頭打者にヒットを打たれるとややこしくなるので、そこだけ何とかしようと思う」

「味方が点を取ってくれた次の回は、絶対に抑えようと思った」

どんな素晴らしいピッチャーでも、打たれる。それについては、相手の打者との関係があるので、A選手だけではコントロールできない要素だ。自分がコントロールできないことを操作しようとしても、意味がない。

しかし、後半になると、違った視点に着目し始める。

「先頭打者を出塁させてしまったけれども、気持ちを切り替えて投げられました」

コントロールできないことではなく、自分の気持ちというコントロール可能なこと、起こってしまったことを考えるのではなく、起こってしまったことにどのように対応してい

自分で問題解決する思考回路をつくる

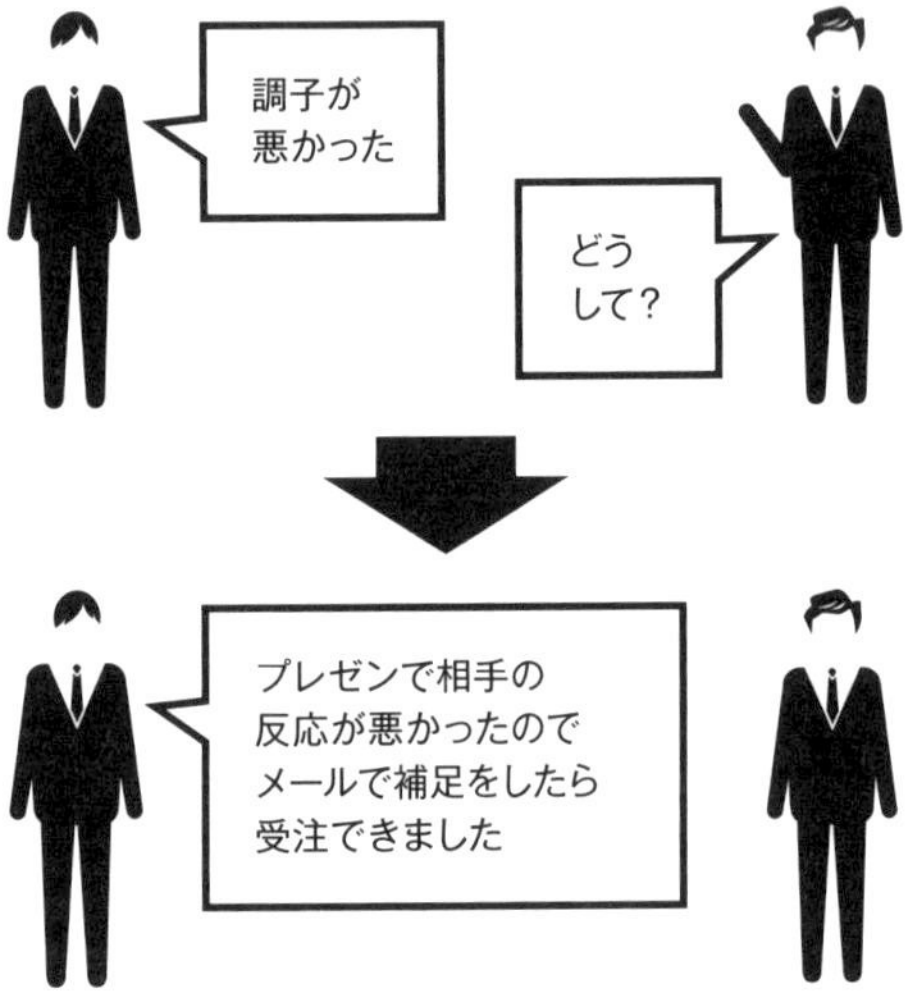

- **相手の言語化能力がや高まるまで振り返りを続ける**
- **自分でコントロールできることに注目させる**

くかという点に目を向けられるようになった。

本人の気づきに対する変化もあるが、コーチが気づきを仕向ける質問をしたことも重要な役割を演じている。両者がうまくかみ合ってこそ、劇的な変化が生まれる。

次の段階として、こうした変化を本人にフィードバックすることも考えている。これは専門家とも相談しながら進めなければならないが、僕としては本人に変化したことは伝えたいと思っている。成長していることを自分で気づけば、もっと成長するにはどのような思考をすればいいいか、自分で考え始めるからだ。

仮定の議題について議論し、思考力を鍛える

「初球はストライクを取りなさい」

多くのコーチはそう指導する。一般的に考えれば、ストライクが先行すれば投手が主導権を持って打者に対峙できる。ストライクから入ったほうが、その可能性が高まるから初球のストライクを推奨する。しかし、はたしてそれは正しいのか。あるいはそれが正しいとして、初球のストライクの取り方にはどのような方法があるのだろうか。

「強気のピッチングでいけ」

これもコーチがよく使う言葉だ。しかし、はたして「強気のピッチング」とはどのよう

なピッチングを指すのか。

答えはない。選手によって正解は違う。**大切なのは「わかったようでわからない」テーマについて考えさせ、それを言語化させ、みんなで議論することが思考を広げる手段になるということだ。**選手一人ひとりが答えを出せればいいので、合っているか合っていないかはどうでもいい。議論の過程で新たな気づきが生まれれば成功だ。野球選手としてのパフォーマンスに直接は役立たないが、考える癖をつけるには効果的だ。

この取り組みは、ソフトバンク時代に駆け出しのピッチャー四人で構成された「チームB」の連中とやっていた。練習時間内に行うので、それほど時間はかけない。せいぜい五分から一〇分だ。センターの打球があまり飛んでこないところを「オフィス」と名づけ、そこで車座になって議論を交わした。みんな進んで取り組んでくれたので、面白い話が出た。

具体的なものから抽象度が高いものまで、テーマは状況に応じて設定する

議論のテーマ設定は重要だ。選手たちの興味を引くようなものでなければならないし、あまりにも簡単すぎたり、逆に途方もなく難しいものは、効果が薄れる。僕は、試合を見ながらいつもテーマについて考えていた。

野球という競技は、常にプレーが止まる。一球ごとにシチュエーションが常に変わるうえ、それを立ち止まって考えられる。テーマ設定の材料には事欠かないスポーツだ。とはいえ、前の日の試合と少しでも関係しているほうがわかりやすい。

「心技体どれが一番大事だと思う?」といった抽象的なテーマも議論するが、「ピンチでエースリリーバーが登板し、スリーツーからボール球の変化球を投げて空振り三振を取った。おまえだったらどんな変化球を投げる?」といった具体性のあるテーマも織り交ぜる。テーマ設定はコーチのセンスが問われる。

重要なのは、どんな答えが出てきても、それを否定しないことだ。自由に考えさせ、自由に言語化させる。それによって、思考力は飛躍的に伸びていく。

コラム：影響を受けた指導者③

一貫して重要な機会を任せる～野村克也監督

一九九五年春、キャンプが終わって開幕までの間に、トレードによって近鉄からヤクルトスワローズに移籍した。当時のヤクルトの監督は野村克也さんだ。野村さんのイメージは「面倒くさいおっさん」だった。失敗してはボヤかれ、イライラが募った。

しかし、野村監督は失敗したときと同じような場面でまた使ってくれた。先発して初回に四点取られたらすぐに代えられるか、打席が回ってきたときに代打を送られ、そのまま交代するのが大半だ。でも、野村監督はそのまま完投させてくれることもあった。

はじめは、野村監督の采配の意味がわからなかった。しかし、そういうことが続くと、そのうち信頼してくれていると思えるようになる。**選手は、監督から信頼されるとモチベーションが上がる。**野村監督は「おまえのことを信頼しているから使ってるんや」とは絶対に言わないが、起用法でそれがわかる。

仰木監督のように、言葉を巧みに操って人を動かす人もいる。ただ、選手の側から見れば、本当に自分が必要とされているかは監督の起用法で判断する。

プロ野球選手は、試合に出てナンボの世界だ。自分はこの場面で使われるタイプの投手だと思っているが、監督はそう思っていないというケースでも、とにかく試合に使ってもらうことが優先される。その前提のうえに、選手はそれぞれ「自分はこういうシチュエーションで使われると、ベストのパフォーマンスが発揮できる」というイメージを持っている。そのイメージが、監督に理解されていることに喜びを見いだす。

僕の場合は、先発して完投するときにベストのパフォーマンスを発揮する。だが試合終盤、一点リードのシチュエーションでツーアウト満塁となったら、普通の監督だったら交代させるところだ。しかし野村監督は、その状況でもあえて任せてくれる。

駆け出しの若手の場合、緊迫した場面は経験豊富な先輩が登板するだろうと諦めていたところに「おい、行くぞっ!」と言われたら、意気に感じて「よっしゃー!」と気合が入るものだ。ところが、慎重な監督はその投手が打ち込まれたときのダメージを考え、使わない。僕の場合は、その選手が良かったときのことしか考えない。失敗しても、ダメージが肥やしになる。野村監督は、その決断が非常にうまかった。

困ったときの準備としてデータを使う

データを重視する「ID野球」は、野村監督の代名詞だ。ただ、一般に知られている意味と、野村監督の意図するところとが、ややずれているように思える。試合前、試合後に行われたミーティングでは、いつもこう言っていた。

「データ通りに投げろと言ってるわけやない。ピンチになって頭の中がパニックになったときに『俺はこのピンチの対処法を知っとる。だから大丈夫や』という材料に使ってくれたらええんや」

いくらプロ野球選手でも、データ通りには投げられない。まずは自分の得意な球、強みの球を投げて抑えたほうが、本人の調子も上がっていく。ただ、ピンチはどんな投手にも訪れる。そのとき、ピンチを切り抜ける手段を知らずにマウンドに立つと、何を投げても打たれるのではないかとネガティブな発想に襲われ、不安は増幅する。

このとき、データに裏打ちされた相手バッターの弱点を知っていれば、いざとなれば相手の苦手な球種を苦手なコースに投げればいい。そのために、闇雲に集めたデータではなく、整理し、分析された根拠のあるデータを頭に入れておこうという趣旨だ。

この点について、勘違いしているキャッチャーやバッテリーコーチがいる。

かつて、ピッチャーがお山の大将だった時代がある。古き良きプロ野球黄金時代は、豪快で癖のあるピッチャーが、力でねじ伏せる投球でバッターをキリキリ舞いさせた。ところが、最近はキャッチャーがお山の大将になっている。俺のサイン通りに投げればいいんだと言わんばかりの振る舞いをする選手も、なかにはいる。

そうは言っても、ピッチャーがキャッチャーの要求通りにボールを投げられるわけがない。その点に関して、野村監督はいつもこう言っていた。

「イニングや得点の状況などによっては、チームの要求通り投げさせせなあかんケースもある。でもまずは、ピッチャーが投げたいボールを投げさせてあげなさい」

野村監督の「ＩＤ野球」が一人歩きして、みんなが勘違いしている。キャッチャーがピッチャーにデータ通り投げさせる風潮は、どうにかして変えたいと思っている。

たとえば、ストレートにめっぽう強いバッターに対して、キャッチャーが「初球は変化球のボール球から入るのが常道」というサインを出し、ピッチャーは要求通りボール球を投げる。カウントはワンボール・ノーストライク。データでは、バッターは依然としてストレートを狙ってくるはずだ。そこで、次の球も変化球をコーナーギリギリに投げろというサインを出し、ピッチャーは際どいコースを狙って投げる。だが、ボールを宣告される。ツーボール・ノーストライク、次にボール球を投げたらピッチャーは追い込まれる。ストライクを取りにいくしかない。変化球より、ストレートの真っすぐのほうがストライクが取れる。キャッチャーは念のためコーナーギリギリに投げるようサインを出すが、要求通り投げることができず、ど真ん中に投げられたストレートを打たれてしまう。

バッターを抑えるための「ＩＤ野球」なのに、逆にピッチャーを苦しめている。こういうケースが多く見られるので、野村監督が真に意図した「ＩＤ野球」を、正確に理解する必要があると思っているのだ。

野村監督は、配球には三つのパターンがあると言っていた。

「ピッチャー優先」「データ優先」「シチュエーション優先」

今は、いの一番に優先されるべき「ピッチャー優先」が抜けている。野村監督は、どうしてもデータ通りに投げてほしいときは「俺がすべての責任を取る」と明言した。

野村監督は、一般的なイメージではトップダウンのリーダーのように見える。だが、実態はボトムアップを大事にする監督に見えた。

「最後はわしがいるんやから、好きにせえ」

この「好きにせえ」は、野村監督をよく言い表している。野村監督のもとでプレーをした選手は、ほとんどの人が野村監督に心酔する。それは、選手として自分が思うようにやらせてもらえるからだと思う。

第4章
最高の結果を出すコーチの9つのルール

ルール①

最高の能力を発揮できるコンディションをつくる

この章では、チームとして最高の結果を出すために、コーチが「コーチング」以外でやるべきこと、気をつけた方がいいことについて、９つのルールとして紹介する。

まず大切なのは、チームメンバーのコンディションだ。

ある程度高い水準の技術を持つ選手を見ていると、彼らがその技術を一年間安定して発揮するためのコンディショニングの重要性を改めて感じる。

当たり前だが、コンディションが良くなければ最高のパフォーマンスは発揮できない。

ピッチングのパフォーマンスを上げるのは、コンディショニングコーチの役割が七割を占め、ピッチングコーチの役割は三割程度しかない。それぐらいコンディショニングには気を使ってほしいし、プロフェッショナルとしては基本中の基本だと思う。

コンディショニングは、まずは身体だ。肉体が健康な状態にないと、できないことが数多く出てくる。しかも肉体の状態は、精神面にも大きく影響する。気分がすぐれなければパフォーマンスの質は下がる。**僕の経験からすると、トレーニングと、食事と、休養が身体のコンディショニングを考えるうえでの三つの基本だ。**プロ野球選手に限らず、コンディショニングを意識する人はトレーニングと食事に気を使う。しかし、休養をおろそかにする選手はあとを絶たない。日本人は休養の取り方が上手ではない。

とくに、技術的に未熟な選手ほど、不安を払拭しようと休まずに練習する。むしろ休んだほうが整理できることもあるので、休養をとくに意識するよう選手にも言っている。休養は、主に睡眠と練習時間だ。睡眠は言わずもがな、練習時間をある程度決めて、練習しない時間をつくるようにする。

トレーニングをする人は、筋肉の「超回復」はご存じだろう。トレーニングによって傷ついた筋肉は、一定時間たつと元のレベル以上に回復する。その時点で次の負荷をかければ、さらに筋力が上がっていくという理屈だ。超回復に至るまでの間は、筋肉を休めなければならない。下手にトレーニングをすると、故障の原因になる。

技術面でも、反復練習を休んでいる間に、頭の中が整理されて身体が覚えるといわれている。

技術的なスキルを実行しているときに身体がどのように動いているのか、筋肉から頭にフィードバックさせ、頭の中でこう動いたと理解し、それがまた筋肉にフィードバックされるというのだ。それによって、正しい動きを覚えていく。その意味で、反復練習のあとは休むことが大事になってくる。

練習をやりすぎると、整理される時間がなくなり、感覚的なずれが頭と身体をバラバラにさせてしまうことがある。

たとえば、簡単な漢字を何度も何度も書いていると、突如として「あれ？　この字ってこんな字だったかな？」と思う瞬間がある。これは「ゲシュタルト崩壊」と呼ばれる現象だが、これと同じようなことが身体の動きにも出てくる。単純な反復練習をやりすぎると、今までできたことができなくなってしまう。注意しなければならない点だ。

そうならないようにするには、ある程度の練習をしたら、ある程度の休養を取るしかない。**人間の身体はよくできたもので、休んでいる間、つまり考えていない間に身体の動かし方を整理してくれる。**その効果を信じてほしい。

適切な睡眠を取り、健全な生活を送る

回復、リカバリーの点では、最近とくに睡眠がクローズアップされている。これははやりという問題ではなく、本質的な問題なので十分に意識するべきだ。

夏の暑い時期でも、身体の深部の温度と、皮膚表面の温度の差が一定以上になったときに、人間は眠気に襲われるらしい。だがアスリートは筋肉が多いので、身体の深部の温度が高い。だからなかなか眠くならないと言われる。

その対策として、ぬるめの風呂に二十分ほど入って表面温度を上げれば眠くなるという研究結果が出たそうだ。寝る前にしっかり水分を取って風呂に浸かり、部屋を暗くして冷

ましながら寝るとすんなり眠れると聞いた。

それが実証されているかどうかはともかく、リラックスして眠る行為がコンディションを整えるのは間違いない。ビジネスの世界でも睡眠の質が取り沙汰されているのは、要するに誰もが睡眠不足なのだ。

休養を取ってリカバリーすることは、アスリートもビジネスパーソンも変わらない。人間にとって欠かせない営みである。コンディションを安定させるのは、すべてにおける基本である。いくら優れたスキルを持っていても、コンディションが悪ければ発揮できない。

酒は飲んでもいいが、深酒はダメだ。ストレスの発散という意味では悪くはないが、物には限度がある。

昔のプロ野球選手は深酒して朝まで飲み、酒臭い息を吐きながら球場に来て試合をしたという。

それが豪傑物語のように語られている。これを言うと大先輩たちに怒られるが、僕を含めて昔のプロ野球選手の技術レベルが低かったから、そういうことが通用しただけだ。もちろん、ずば抜けた能力を持つスーパースターは別格だ。しかし、それ以外の選手のレベルが低かった。スーパースターが二日酔いのまま試合に出ても通用したのは、そういう状態でプレーしても勝てたからだ。

時代は変わった。今は飛び抜けたスーパースターはほとんどいないが、すべての選手のレベルが昔に比べて格段に上がっている。コンディションを整えて最高のパフォーマンスを発揮しないと、通用しなくなっている。考えてみると、豪傑なエピソードが出てくるのは、超有名なスーパースターばかりである。

レベルが上がった要因は、一つには情報が集めやすくなり、練習方法やコンディショニングの知識が成熟してきたからだ。技術の向上はもちろん、選手の体格も変わってきている。それに加え、野球人口が減ってきているので、幼少期から教育の専門化が始まっている点が考えられる。それらの要因によって平均的に上がったレベルを超える優れたパフォーマンスを発揮しなければ、プロ野球選手として生き残っていけない。

結果として、昔に比べてコンディションをおろそかにすることができなくなっている。コンディションづくりを真剣に考えられない選手は淘汰される。**コーチとしての役割は、つい忘れがちな日々のコンディショニングを選手たちに植えつけることだ。**

ルール②
感情をコントロールし、態度に表さない

僕が現役選手だったころ、コーチと話をしているときに腕組みをされると、話を聞く気がなくなってしまった。言葉は悪いが「こいつ、本当のこと言ってんのかな?」と疑心暗鬼にさせられた。

そんな気持ちでする会話が、うまくいくはずがない。むしろ、少しでも気に障る言葉が出たら、喧嘩に発展してしまう可能性もある。コーチが選手と話をするときは、腕組みをしてはいけない。

コーチと選手の勢力図に関係してくるが、僕は選手よりコーチのほうが「下」だと思ってやっている。だが、一般常識で考えると、社会的勢力はコーチが上で選手が下だ。そのうえ偉そうな態度をとれば、社会的勢力の差はさらに広がっていく。そうなると、選手はコーチに近寄ってこない。そういう状態に陥らせないためにも、普段から威圧的な態度は取らないように心がけることが重要だ。

腕組みだけではない。試合中に威圧的な表情を見せたり、選手が失敗したときに落胆や怒りの表情を見せる監督やコーチがいる。

コーチは、決してネガティブな態度を表に出してはいけない。選手は、コーチのそういうところを見ている。

そしてそれが、選手に余計なプレッシャーを与えていることを知るべきだ。

指導する立場の人は、自分の感情をコントロールし、できるだけ表情を変えないようにしてほしい。むしろ、それができないコーチは、指導者の資格はない。

選手に対する口調も、どんな場面でも強い口調は避けてほしい。選手が成長するためにコーチが真剣になってくれているとわかっていても、伝え方が受け入れられないと、コーチの言葉を理解しようとしなくなる。

コーチが一方的に悪いとは言わない。受け入れる選手の側にも問題があることはわかっている。しかし、時代が変わったことを受け入れ、主体はコーチではなく選手であることをもっと意識してコミュニケーションを図るべきだ。

ルール③

周りが見ていることを自覚させる

とくにプロ野球選手になったばかりの若手は、周りから見られている意識がない。早い段階で、周囲から見られていることを自覚させなければならない。

これはプロ意識につながってくることだ。

高卒、大学卒の選手は、社会人としての常識を身につけ、プロフェッショナルとしての立ち居振る舞いを身につける必要がある。現役時代の僕もできていなかったので言いにくいが、絶対に選手の得になる。いつも冗談で選手たちにこう言っている。

「ユニフォームを着ているときは、感情むき出しで戦ってもいいけど、ユニフォームを脱いだら、その辺をぶらぶらするときも英国紳士のように振る舞えよ」

「え？　英国紳士ですか？」

これは、ジャイアンツの教訓のパロディだ。ジャイアンツの選手は「ユニフォーム脱いだら紳士たれ」と言われている。それを得体の知れない「英国紳士」にすれば、選手が興味を持つと思ったからそう言っている。

周囲に見られていると思うと、何をするときでも手抜きをせず、しっかりとやる。トレーニングでもつい妥協してしまうこともあるが、プロ意識を持って人に見られていると思えば、しっかりやろうという気持ちになる。

小さな習慣から継続させてみる

選手時代の僕は、努力を持続させる能力に欠けていた。飽きっぽくすぐにほかのことをやりたがり、いつも新しいものに飛びついた。しかし、いい選手を見ていると、やるべきことをしっかりとやっている。そこには、自分は注目されているという意識があったに違いない。そこで、どうすれば努力を継続できるか考えた。

本を読むのは好きだったが、よほど面白い本でないとすぐに飽きてしまい、読みかけの本が部屋中に転がっていた。この本を、すべて読みきることから始めようと思った。**最後までやりきる癖をつけるようにしたら、努力を持続させられるようになった。**何でもいいから、やり始めたことを最後までやりきる。そこから、持続する力を養ってほしい。

持続する力は、小さな課題を見つけてクリアし続ける姿勢を養うことができる。それを継続していくと、腹筋を毎日一〇〇〇回できるようになるかもしれないし、誰も見ていないところでも、やるべきことをしっかりやれるような人間になれるかもしれない。

チーム・組織は「一人ひとりの集合体」だと認識する

ビジネスパーソンもプロフェッショナルだと考えれば、何をやるときでも誰かに見られていることを意識するべきかもしれない。何か不祥事を起こすと、会社名が出てしまう。

自分が手を抜き、妥協すれば、自分の会社の社員は全員が手を抜き、妥協をすると思われてしまう。そういう意味で、自分の行動が会社を代表している意識は持つべきだ。

ただ、プロフェッショナルは組織やチームに属しても、基本的には一人である。一人ということは、自分で自分の看板を背負っている。**一人ひとりの看板の集合体が組織でありチームである。会社やチームのために意識するのではなく、自分がしっかりすれば、結果として組織やチームの看板も守れると考えればいい。**僕は、組織のためにと思いすぎるとあまりうまくいかないと思っている。

「チームのため」

耳ざわりのいい言葉だ。しかし、そこには犠牲の精神が入り込んでいる。この場合の犠牲の精神は、チームのために個人を犠牲にするという意味合いである。でも、僕はそういう考え方をしない。チームのためではなく、個人のプレーのバリエーションの一つとして、自己犠牲のプレーができるというだけだ。自己犠牲のプレーとは自分を犠牲にすることではなく、個人が選択するプレーの一つにすぎない。そこを勘違いしてはいけない。

海外のチームスポーツの人たちには、ケミストリーという意識が強くある。日本語に訳すと化学反応という意味だ。化学反応は、個と個が交じり合うことで、別の何かが生まれることを指す。あくまでも個人がベースとなり、その強みが交じり合うことでチームに変化をもたらし、それが勝利につながるという考え方だ。

ところが、日本ではそういう考え方は主流ではない。まずは組織やチームの色が先に立ち、その色に個人が染まることをチームプレーと呼ぶ。そうなると、同じ組織、同じチームに属する人は、みんな同じ色になってしまうことになる。いくら同じ色の個人が集まっても、化学反応は起こらない。

プロフェッショナルは、個人の強みに色をつけることに必死になればいい。色のついた個人を組み合わせて化学反応を起こすのは、コーチの仕事だ。**つまり、コーチは個人がそれぞれに違う方向へ行くこと、みんなとは違う色になることを止めないことが仕事になるはずだ。**チームの色、ましてや自分の色に選手やメンバーを染めるような行為は、ケミストリーを妨げることになる。

個人が自分で思考して実行して色をつける手助けを行い、その色のついた個人を使って、どのような花を咲かせるかを考えればいい。その役割を担うことができないコーチ

チーム・組織は一人ひとりの集合体

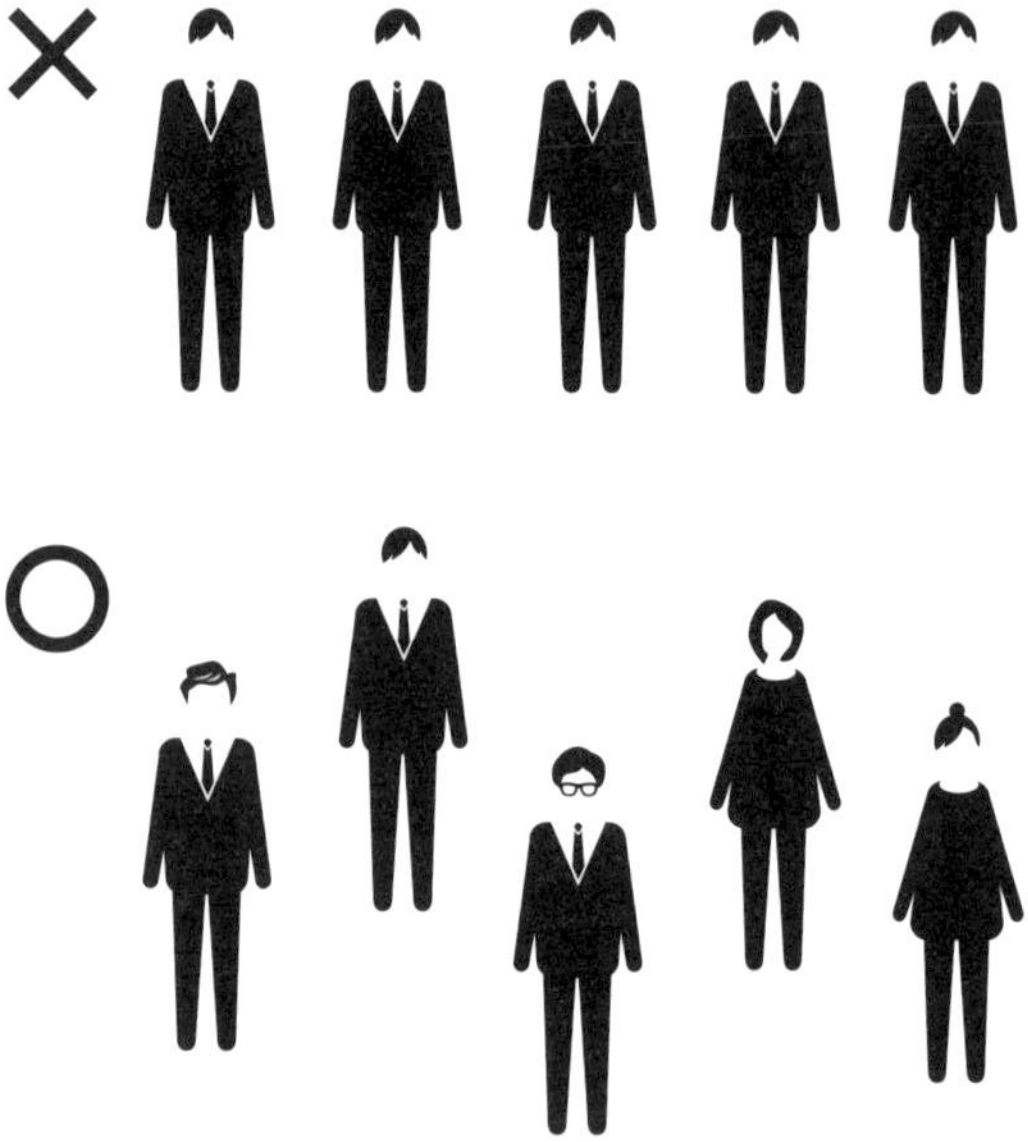

個人の強みの組み合わせが
チームを強くする

は、コーチとしての能力がないと自覚するべきだ。もっと勉強し、大輪の花を咲かせられるように努力しなければならない。

仰木監督は、それが非常にうまいコーチだった。仰木監督のもとで育った選手は、個人の色がよく出ている。イチロー選手や、同時期に売り出されたパンチ佐藤選手は、独特の色を放っている。

ただし、その色は無制限に、無遠慮につけていいわけではない。**ある一定の規律を持たないと、化学反応が導かれる色にならない。**その枠をつくるのも、コーチの大事な仕事の一つである。

ルール④

落ち込んだときは、すぐに切り替えさせる

勝負をしている以上、負ける経験からは逃れられない。悔しい感情が湧き上がるのは当然だ。その悔しい感情を抑え込んでじっと耐えるのが、日本人の美徳とされている。

その考え方に、僕は賛成できない。悔しい感情はその場で爆発させ、スッキリさせたうえで次のステージに向かったほうがいい。

とくにピッチャーの場合は、打ち込まれて交代させられたら、絶対に悔しい。落ち込むのもわからないではない。しかし、落ち込んでばかりいたら、いつまでたってもスイッチ

は切り替わらない。**プロ野球選手として、コーチとして長年野球に携わっているが、落ち込んだままで気持ちを切り替えられる選手を見たことがない。**選手としてもっとも大切なのは、スイッチを切り替えることだ。

ほめられた話ではないが、僕がノックアウトされたとき、ダッグアウトの裏に行って大暴れしてスイッチを切り替えた。大暴れしたからといって悔しさが完全に消えるわけではないが、気分を切り替える下地はつくることができた。そのうえで、次の登板に向かっていくメンタルを整えるほうが切り替えやすかった。精神衛生上も、落ち込んだ状態を引っ張るよりも、はるかに健全だと思う。

もちろん、暴れ方の度が過ぎるのは良くない。かつて、ソフトバンクホークス時代のある選手が、ノックアウトされてダッグアウトに戻った直後にベンチを拳で殴り、投手にとって大事な商売道具である両手を骨折した。これは、プロ意識という意味でもやってはならない行為である。

一九九九年にニューヨーク・メッツでチームメイトになったオーレル・ハーシュハイザー選手に、ノックアウトされて激高していた僕はこう言われた。

「ヨシ、悔しいときは暴れてもいいけど、壁は絶対に殴るな。けがでもしたら、投げられなくなる。悔しいときは叫べ。大声で叫んでも、せいぜい三日ぐらい喉が痛いだけで済むから、それぐらいにしとけよ」

僕はさすがに拳で壁は殴らなかったが、ベンチを蹴り上げたり、ダッグアウトの裏に回って壁を蹴って穴を開けたりしていたので、その言葉は身に染みた。もちろん、壁の修理費は自腹だ。

自分に合ったストレス解消の方法を見つけさせる

年齢を重ねてからは、スイッチを切り替えるための別の手段に出合った。ウエイトトレーニングである。

当時の僕は、登板の翌日に必ずウエイトトレーニングをしていた。始めたきっかけはコンディションづくりだったが、徐々に「憂さ晴らし」の要素も入ってきた。

重いバーベルを挙げるとき、無意識のうちに声を上げている。その声を意識し、意図的に大声を出しながら挙げてみると、スッキリすることに気づいた。前日のピッチングがうまくいって気分がいいときも、大声を上げてがんがん挙げればさらに気分が乗ってくる。前日にノックアウトされても、次の日にウエイトトレーニングで発散すればスッキリする。

これは、プロ野球選手でなくても、誰でもできるストレス解消法だと思う。ビジネスパーソンは腹が立つことがあっても暴れられないし、会社の備品を蹴り上げることもできないだろう。**溜めに溜めたストレスを発散できずにいると、気分を切り替えて次の仕事に臨むことはできない。**実際、僕がジムに行ったときも、大声を上げながらバーベルを挙げている人を見かける。もしかしたら、彼も切り替えるために大声を出しているのかもしれない。

ランニングでストレスを発散させる人もいるだろう。でも、ランニングで最大限の負荷をかけるのにはかなり時間がかかるし、意外と妥協してしまうものだ。中途半端な負荷はかえってストレスを増幅させ、切り替えるところまで持っていけない。その点、ウエイトトレーニングは自分の最大値に挑戦できるから、方法としては理にかなっている。

エアロバイクをこいで追い込むのもいいかもしれない。脈拍を極限まで上げ、夢中になってペダルをこげばストレス発散になる。日常生活の中で、脈拍が一八〇を超えることなどない。肉体を追い込むと、精神的には解放されるように感じる。そう思える人には、お勧めできるアイテムだ。

一般的には、おしゃべりしながら走れる程度の有酸素運動が、もっともストレス解消には効果的といわれているそうだ。しかし、この方法は有酸素運動で身体に溜まった老廃物を流し、疲労を回復するという意味での効果が大きいように感じる。精神的な強いストレスの解消には、あくまでも個人的な意見だが、僕はウエイトトレーニングやエアロバイクで追い込んだほうが効果的だと思っている。

気持ちが切り替わるまではチームにいれなくてもいい

メジャーリーグのピッチャーには、怒ってひと暴れして切り替える選手が多い。周囲も真剣にやっているからこそ悔しさに襲われ、それを解消するために暴れていることを理解している。だからやりたいようにやらせているのだ。

しかし、日本のプロ野球はメジャーリーグの感覚とは違う。どんな理由があろうと暴れている選手がいるとベンチの雰囲気が悪くなる。場合によっては、監督が自分の起用法に腹を立てていると誤解し、さらに雰囲気が悪くなることもある。

自分の失敗を人のせいにしたり、監督の采配に怒って暴れている選手もいないわけではない。だが、ほとんどのケースは自分のふがいなさに対して怒っている。**それらをすべてひっくるめて、ひと暴れして切り替えることですべてが終わるのであれば、ウジウジいつまでも考え込んだり、腹を立てていたり、周囲をマイナスのオーラに引き込んだりするよりも、よっぽど健全だと思う。**

そういう意味でも、僕はいつも選手たちに「ノックアウトされても、ベンチでは偉そうにしとけよ」と言っている。それができないのであれば、ベンチに戻って来ないほうがいい。ダッグアウト裏で暴れて発散させ、落ち着いたら戻ってくればいい。

ただ、この考え方はピッチャー特有かもしれない。野手のスタンスは「おまえが打たれた試合を、野手がみんなで一生懸命追いつこうと頑張っているのに、打たれた本人が応援しないとはどういうことだ」となる。

その考え方もわかるが、それを言うならみんなが頑張っているところに、いつまでも切り替えられずに落ち込んでいる選手がいても、追い上げムードに水を差すだけではないか。どこまでいっても、日本人はチームプレーを重視する。落ち込んでいる選手をベンチに置いておくのは、何の役にも立たないチームプレーだ。チームプレーを言うなら、気持ちが切り替わるまでベンチに入らず、スッキリとした気分で次の試合に臨み、チームの勝利に貢献することのほうが大事だと思う。

強制的にチームにいさせることで、負のオーラをまき散らすのは、僕はチームプレーではないと考える。

小さな課題のクリアが、メンタルも強くする

最近の選手を見ていると、ストレスに関する変化も出てきた。今どきの選手は、失敗したり悔しかったりすると、泣いてしまう。僕は泣いたことがないので、彼らが泣く理由が

わからない。高校球児であればともかく、曲がりなりにも日本野球界の最高の舞台であるプロ野球の現場で、泣いている選手がベンチにいても美しい光景には見えない。

コーチになってから、泣いている選手を何度も見た。二軍落ちの通告をしたあと、選手を励ましていると泣き出してしまった。

「何それ？　そこは『なんで俺が二軍に行かなきゃならんのですか！』と食ってかかるところでしょ？　そいうガッツを見せてほしいんやけどなあ……」

これが僕の本音だ。選手を扱うという意味では、癖の強い選手がいないのでやりやすいといえばやりやすい。だが、そういう選手が二軍に落ちてV字回復する見込みはほとんどない。むしろ、二軍落ちの通告をされた監督室でひと暴れする僕のようなタイプの選手のほうが、すぐに一軍に戻ってくる。

そうは言っても、ウジウジ悩み続ける選手が多いのは現代のプロ野球界の現実だ。**コーチとしては、そういう選手のメンタルを丁寧に解きほぐし、再生させるコーチングをするしかない。**方法としては、失敗するとガクンと急降下してしまうモチベーションを、下がりにくい体質に変えるしかない。それには、小さな課題を設定させ、少しずつクリアし続ける循環に変え、いずれは自分で課題解決ができるようにするしかない。

ルール⑤
上からの意見をどう現場のメンバーに伝えるべきか考える

僕は自分を主体に置くのではなく、選手を主体にしてコーチングをしている。

そのスタンスでいると、監督の采配が選手を混乱させる場面に直面したとき、選手を守る意見を監督に具申した方がいいと思う場面もときにはある。

しかしそれは、簡単に言えば部下が上司に反逆するのと同じようなことだ。僕の場合は言い方がキツいので、一度は一軍から二軍に回され、もう一度はチームを去らざるを得なかった。それでも、選手を思うと言わずにはいられない。

コーチが監督の采配に疑問も持たず、唯々諾々と従っているだけでは、選手のモチベー

ションが下がってしまう。選手にとってマイナスになる可能性がある指示には疑問を投げかける。選手にとってプラスになる采配をしてくれないときは、最善の策を進言する。これは「中間管理職」としてのコーチの重要な役割であり、なかば義務であると言ってもいいはずだ。

チームマネジメントの責任を負うのは監督だ。すべての采配を監督が行うのは当然のことだ。

しかし、コーチが監督のご機嫌ばかりをうかがっていると、選手がやりにくくなる場面がどうしても出てくる。監督も、隅々まで目が行き届かないから、選手の本音を知り得ない。だとしたら、選手に近く、すべてを知るコーチが適切な進言をしないと、いつまでたっても選手と監督の溝は埋まらない。

そういう意味では、上と現場をうまくつなげるベストな方法について考えた上で、覚悟をもってコーチは発言していかなければならないと思う。

現場に責任を負わせず、明確な指示で安心させる

僕の場合は、言うべきことは三回言う。三回言っても受け入れられないときは、その方針は変わらないと考える。変えられないのであれば、選手にモチベーション高くやってもらうか、少しでも選手がやりやすいようにアレンジするか、最善の方法を見つけて選手に還元する。

監督が作戦について迷っていて、選手に聞いてほしいというケースもある。

ワンアウト・ランナー二塁、バッターは強打者。一塁が空いているので歩かせて次の打者で勝負しダブルプレーを狙うか、あくまでも真っ向勝負するか。ピッチャーの意見で決めていいという指示が出る。

こういうときに、コーチが曖昧な考えのまま聞くと、選手はプライドに賭けて勝負したいと言うはずだ。**勝負、敬遠、何れにせよ作戦に関わる決定を選手にさせてはいけない。**

なぜなら、その決定に対して選手が責任を負うことになるからだ。こういう時は明確な指

示を出し、現場の選手には安心してプレーさせるべきだ。そういう場面では、コーチが作戦の決断を行い、監督と選手両方が納得する伝え方をしなければならないこともある。

「監督が歩かせろと言っているから、次のバッターで勝負や」

選手は勝負したくても、監督命令であれば背けない。しぶしぶでも納得させ、ベンチに戻ってから監督にこう伝える。

「ピッチャーが次で勝負と言っていたので、歩かせます」

これで、選手たちも思い切りプレーできるし、指示を出した監督も結果を受け入れることができる。

反対に、ビジネスシーンでは上司が言ったことを、そのまま部下に伝えてしまうケースがあると聞く。**現場レベルで部下が考えていることと、マネジメントの立場で全体を見て上司が考えていることとの間に「ずれ」が生じ、上司の無理解に部下が腹を立てる。**その齟齬を翻訳して埋めるのがコーチの重要な役割だ。翻訳するときには、直訳ではコーチの存在が意味を持たない。ある程度は腹をくくり「意訳」をする覚悟も必要だと思う。

ルール⑥

現場メンバーの的確な情報を上層部に伝える

監督が思い描く選手の特徴と、実際の特徴が乖離することがある。現場をつぶさに見ているコーチと、全体を把握する監督との間にずれがあるのは、仕方がない。その場合は、どんなにネガティブな情報でもしっかりと伝えるべきだ。

監督がある投手を先発させようと考えていたが、先発するとその投手の持ち味が消えてしまうケースに直面したとき、僕はかなり強い口調で訴えた。

「監督、そりゃあきまへんわ。アイツは先発タイプちゃいますよ。絶対に打たれます」

昔は自分の勘と経験だけで監督の考えを否定していた。それによって降格させられたりクビになったりした。僕は、上手に立ち回れるタイプではない。思ったことをすぐその場で口にするため、選手たちの前で監督と大喧嘩をしたこともある。しかし、これは反省した。監督とコーチが喧嘩をする姿を、選手に見られてはいけない。誰が見ても、上司に部下が盾突いている構図にしか見えないからだ。

そこで、客観的なデータも集めて冷静に提案するようになった。データから論理的な理由を導き出し、リリーバーとして起用することを進言する。

ただ、最近は少し考え方が穏やかになってきた。自分の考えと監督の考えが違って納得できない場合でも、監督の考えに「それもありますね」と言えるようになった。決して追従しているわけではない。自分とは異なる監督の考えを実行したらどんなことが起こるのか、興味が出てきたのだ。ありえないと思うことでも、やらせてみたらどういう結果になるか、楽しみに近い気持ちになれるようになった。それからは、喧嘩も少なくなった。

メンバーに迷惑がかかるような指示は出させない

ただ、気をつけなければならないのは、コーチとしての興味、関心に、選手を巻き込んでしまうことだ。やってみたら選手にとって新たな発見があったり、違う面で選手の才能が開花しそうなプラス面が期待できるものはいいが、マイナスの結果にしかならない可能性が高ければ、それはやらせない。選手の野球人生を壊しかねないからだ。

先発だったある投手を監督がクローザーに変えると言い出したとき、僕は絶対にうまくいかないと思った。でも、監督の決意は固そうだった。僕に相談に来たときに、すでに一〇〇人に反対されたと言っていたので、決意を変える気はないと想像した。一度やってみようと、僕もその投手のクローザー転向をサポートした。

しかし、予想通り成功しなかった。それは仕方がないが、問題はこのあとの対応だ。わずか数試合の登板機会で失敗だと判断し、彼のクローザー転向を諦めてしまった。

「そんな中途半端な覚悟だったんですか？　だったら、僕はもうやりませんよ」

監督が覚悟を決めたように感じたから、僕も懸命にコーチングをした。そんなに簡単に方針を変えるのであれば、やらせるべきではなかった。それからは、選手に迷惑がかかる指示だと思ったときには、強く反対する方針に戻した。

選手もプロフェッショナルなのだから、コーチが一から十まで手取り足取り面倒を見る必要はない。二軍に落ちていく選手や、二軍から一度も這い上がれない選手は、その選手に原因がある。たしかに特性に合った使われ方をされなかったことに原因があるかもしれない。そうだとしても、自分自身で這い上がれなければならないし、這い上がれなければプロとしての資質がなかったということだ。厳しい言い方だが、それが現実だ。

ただ、プロに入ってきたときから何年間かは、プロはどうあるべきかという基本をしっかりと教えてあげたい。**プロのやり方を何も知らないのに、何も教えないのはコーチに責任がある。**

そのためにも、監督が誤った使い方をしないように、指導するプロセスで把握した選手の情報は、遺漏なく伝達しておく必要がある。選手の情報は、チームの共有財産だ。コーチが独占しておくべきものではない。

ルール⑦

目先の結果だけでなく、大きな目的を設定させる

選手は、目の前の結果を欲しがる。それが評価に直結するのだから、やむを得ない。

しかし、コーチとしては選手の人生も考え、将来にわたって安定して任せられる息の長い選手になってほしいと考える。それを本人にどのような形で伝え、納得させ、長く活躍するためにどのようなことをやればいいかを教えていかなければならない。

器用な選手は、目先の結果を得るために、その選手に合っていないピッチングでも勝ってしまう。結果が出ると、修正するのは難しくなる。プロに入って短期間だけすごいピッチングをしても、それで終わったらプロとはいえない。一シーズン通して安定した成績を

挙げる活躍をして、それを何年にもわたって続けてはじめて、プロ野球選手としての評価が得られる。そのためにはどうすればいいか、コーチとして伝えなければならない。

営業職でも、一か月のノルマだったら達成できる人は少なくないが、何年にもわたってノルマを達成し続けられる人はほとんどいない。

だからこそ、それができる人は「エース」と呼ばれるのであって、その人は長く活躍するための努力をしている。結果を欲しがるのはビジネスパーソンも同じだ。プロとして長く活躍する方法を指導するのは、なかなか難しい。

アドバイスをするタイミングを見逃さない

一つの方法は、いいときに指導することだ。成果を挙げて気分がいいときに「これを続けていくにはどうしたらいいと思う?」と投げかければ、選手の耳にも入っていく。

どん底に落ちたときも効果がある。状態は最悪だから、上がっていくためのアドバイスは喉から手が出るほど欲しいはずだ。
それ以外の中途半端な状態では、聞く耳を持たない。聞いているようでも、頭の中には残らない。**選手の状態をよく観察して、タイミングを逃さないように細心の注意を払う必要がある。**

これまで、目的、目標、小さな課題が必要だと言ったが、結果だけを求める選手は、短期的な目標しか持っていない。長期的な大きな目的がないから、それを達成するための小さな課題を設定する思考がない。常に達成したい小さな目標しか見えず、成長のプロセスを描けなくなる。

大きな目的は何でもいい。適切かどうかは問わない。それこそ「大金を稼ぎたい」でもいい。しかし、その目的を実現しようとするとき、目先の一勝だけでは達成できないことは容易にわかる。

必要なのは、積み重ねでしかない。積み重ねていくためには、何ができるのかという話になる。大きな目的から小さな課題へ落とし込む思考回路は、だからこそ必要になるのだ。

ルール⑧
メンバーとは適切な距離感を持って接する

選手とコーチは、どれほどの信頼関係を構築しても、どんなことでも言い合える間柄になったとしても、友だちにはなれない。

両者の間には、社会的勢力における力関係が厳然として存在する。その「のりしろ」を空けておかないと、言わなければならいことが言えなくなってしまう。それは、選手にとってマイナスになる。反対に、離れすぎても信頼関係が築きにくくなる。**近づきすぎず、離れすぎず。適度な距離感で接しなければならない。**

具体的に気をつけるべきは、球場外での関わり方だ。まず、個人的に選手と一緒に食事には行かないようにしている。もし行く場合はピッチャー陣を全員連れていくよう気を使う。

また球場の中で、選手と二人だけで話すときも、それほど長い時間をかけることはなく、要件だけを簡潔に話して終えている。

互いが互いを尊敬し合う関係を築く

多かれ少なかれ人間関係の強弱はあるし、日本の場合は年齢によって縦の関係が構築されるのは避けようがない。考えようによっては、それがいい具合にチームを引き締めている面もある。これが近い将来なくなるようなことは、ほとんど考えられない。

むしろ、過度にならなければ、ある程度は上下関係があったほうがいい。メジャーリーグでも、登録されている日数が多い人のほうが先輩と位置づけられ、ルーキーの年はさまざまな雑用をやらされる。日本ほどではないが、たしかに上下関係は存在する。

選手とコーチの間の言葉遣いにナーバスになる人もいるが、個人的にはほとんど気にしない。ただ、日本人には長幼の序があって、年上の人には丁寧な言葉で話すのが常識とされている。無理にそれを破る必要はない。丁寧な言葉遣いを心がけるぐらいはやっておいて損はない。

英語には敬語がないともいわれるが、それでも言葉の使い方は変わる。人間社会として当たり前のことをやればいいだけだ。

コーチも、コーチだからといって選手に乱暴な言葉を使うべきではない。**互いに尊敬し、尊重する気持ちがあれば、言葉は自然と出てくる。**

大切なのは、コーチが選手を主体にしてコーチングすることだ。そのために最適な距離感を見つけることも、コーチの重要な仕事の一つである。

ルール⑨

「仕事ができて、人間としても尊敬される」人を育てる

メジャーリーグの一流選手は、社会的にもリスペクトされている選手が多い。しかし、日本のプロ野球界で社会的にリスペクトされる選手は、圧倒的に少ない。原因の一つとして、メディアの体質の違いが挙げられる。

日本のメディアには、子どもたちの夢を壊すようなゴシップを取り上げ、野球選手を茶化したりするような体質がある。

これに対し、アメリカのメディアは厳しいけれど、できた人間の行動や考えをうまく伝えている。そこには、子どもたちの夢を壊したくないという思いがある。

選手もよくわかっているので、ボランティア活動や慈善事業には積極的に取り組んでいるし、ユニフォームを着ていないときでも紳士のように振る舞う。日本のプロ野球選手も、少なくとも一軍の選手はそういうことができる選手になってほしい。僕が現役のときできなかったことを棚に上げて言っているのは、十分に自覚している。

たとえば、ユニフォームを着ている現役の間は、オフに招待される少年野球教室はノーギャラ、ボランティアでもいいと思う。積極的にそういう活動を続けていけば、おのずと世間に評価されるだろう。それを「オフのアルバイト」感覚で大金をもらって野球教室に参加するのは、プロ野球選手の姿勢としておかしいのではないだろうか。

もちろん、ユニフォームを脱いだＯＢの人たちはお金をもらっても構わない。でも選手として高額な給料をもらっている間は、お金のことを気にするべきではない。**チャリティとしてお金を寄付するのは素晴らしいことだが、自分が持つ野球の技術を少年たちに還元するのも、立派な寄付である。**この考えを持てない選手は、いずれ自分で自分の首を絞めることにつながると思う。

最近はサッカーなどに押され、少年たちが野球をやろうと思わなくなっている。有名選手が指導しに来てくれてすごいプレーを見せてくれれば、憧れも生まれるはずだ。それが野球界のためになり、ひいては自分のためにもなる。なぜなら、自分が野球選手を引退したとき、後進の野球選手が一人もいなければ、指導したくてもできないからだ。

現実問題として、野球界の衰退は深刻な状況だ。近い将来、本当に人材がいなくなるのではないかと思えるほど、野球選手が少なくなっている。逆に人気が高まっているのは、サッカーやバスケットボールだ。そもそも世界的に見れば野球はマイナースポーツであることを、プロの選手はあまり自覚していないように見える。選手たちにも、もう少し危機感を持って取り組んでほしいと思っている。

サッカー界やバスケットボール界は、それなりの努力を積み重ねた結果、現在の隆盛を勝ち取っている。しかし野球界では、アマチュアの方たちは努力しているが、プロ野球界が危機感を持っていない。プロとアマチュアを分けるのではなく、もっと一緒になってやれることがあるのではないか。

自分のこと、チームのことだけでなく、業界や社会全体へ視野を広げさせる

僕は、選手たちに自分のことだけではなく、プロ野球界、アマチュアも含めた野球界全体、そしてスポーツ界や日本社会のことを考えられるような選手になってもらいたいと思っている。**野球選手としての技術を伸ばすだけではなく、人間的にも成長させられるような、ダブルゴールを狙うコーチングが必要だと思っている。**

ただ、そこにはジレンマがある。

野球選手として成熟しないと、本当はこういうことは考えられない。だから、プロになりたての時期は、自分が一流になることに専念してほしいとも思う。ある時期が来て、ダブルゴールを目指す教育をするタイミングが来たら、そこで質の高い人間教育を施すほうがいいのかもしれない。

ただし、プロ野球界でしかるべき地位を確立した選手にそうしたコーチングをする意味

はない。そのクラスの選手は、人に言われなくても自分でやるかやらないかを決めるべきだからだ。

僕が関わった選手でいえば、ダルビッシュ選手クラスになれば放っておいても自分で行動する。

僕がダルビッシュ選手を教育したのではなく、彼はメジャーリーグに行くと自覚したときから、そういうことを自分で考え始めたように見えた。メジャーリーグでプレーするためには、こういうことも意識しなければならないと考え始めたのだろう。その意味で言えば、ダルビッシュ選手は早熟だった。

メジャーリーグに入っていろいろな選手を見て、さまざまなことを体験すれば、嫌でも気づく。だから、大谷翔平選手も徐々に行動が変わってくるかもしれない。プレーの面はもちろんのこと、人間的な面も修業してきてほしいと思う。

僕の考えでは、ダブルゴールを目指すコーチングは一軍と二軍の間に位置するような選手たちにするのが最適だと思っている。

ビジネスパーソンでいえば、会社に入ってから数年は個人の能力を伸ばすことに専念した後の、管理職と若手の間に位置づけられる中堅社員の時期だろうか。

仕事と人間性のダブルゴールをめざす

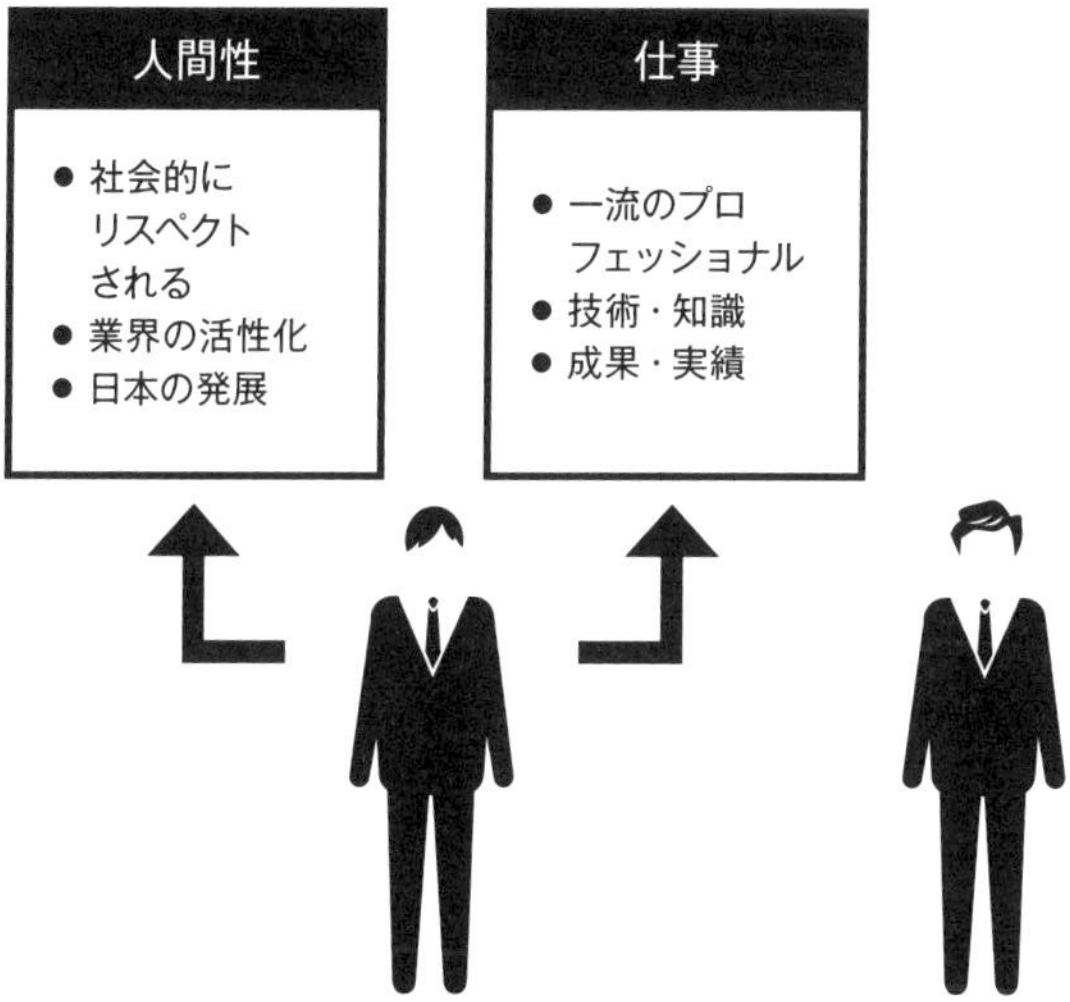

より広く、高い視点をもち、
自分の行動に自覚が芽生える

ダブルゴールを目指す最大の効果は、より広い視点から自分の行動に対する自覚が芽生えることだ。

自分たちがしっかりしなければ、業界を活性化させることはできない。もっと成長して活躍し、そういう活動もしたい。

そんなふうに考えてくれたら嬉しい。

コラム：影響を受けた指導者④

プレッシャーがないと成長できない
～ボビー・バレンタイン監督

ボビー・バレンタインは、日本のプロ野球でもメジャーリーグでも監督を歴任した。記者会見では、よく記者の誘導尋問にひっかかっては怒っていた姿が日に浮かぶ。そのボビーは、いつもこう言っていた。

「プレッシャーがかかった場面、勝敗に直結するような厳しい場面を経験しないと、選手は成長しない」

僕自身も、同じことを選手時代から感じていた。そういう厳しい場面に登板し、結果を出すのが一流のプロだからだ。敗戦処理も大事な仕事だ。しかし、敗戦処理の投球で戦うのは自分の気持ちで、相手ではない。ボビーの言う状況は、相手と戦えるシチュエーションである。それを経験しないと、選手の能力は伸びない。

二軍から一軍に上がってくる選手は、調子の良さを評価されて上がってくる。調子が良い選手は、調子が良いうちに使うべきだ。監督によっては、二軍から上がってくる選手は格下だから、プレッシャーのかからない場面で使おうとする。しかし、それではつじつまが合わない。二軍で調子の良い選手が、一軍で戦力になると評価されたから二軍監督が推薦している。いい場面で使ってあげないと、選手の能力が伸びないばかりか、モチベーションにも影響してくる。

ビジネスシーンにおいても、同じようなことが起こっている。経験のない若手は、先輩がやっていた簡単な仕事を引き継ぎ、経験を重ねてから少し難しい仕事にチャレンジさせる。その方法も悪くはないが、成長のスピードが遅くなるのは確実だ。

何のために一軍に上がったのか。何のために会社に入ったのか。**それは、一軍で試合に出るためであり、先輩と対等な場面で仕事をするためだ。**一軍で敗戦処理をするためでもなければ、会社で先輩の雑用を処理するためでもない。

もちろん、敗戦処理も必要だ。誰かが投げなければ試合は終わらない。会社で簡単な仕事をやる人も必要だ。誰かがやらなければ、仕事が滞る。その意味で、敗戦処理はベテランにやってほしい。意味のない試合だが、ベテランが投げることで若い選手をいい場面で使えるようになる。大事な役目でもある。その重要性を理解したベテランが投げたほうが絶対にいい。会社でも、若い社員が簡単な仕事をすると、それ以外に手が回らなくなる。難しい仕事にチャレンジする時間がなくなり、いつまでたっても成長しない。会社でも簡単な仕事はその重要性を理解し、処理スピードの速いベテランがやったほうが、若い社員の時間をチャレンジに充てられる。

ベテランには敗戦処理と、先発が早く崩れたときに長いイニングを投げる役目を二つ与えるのが、チームの構成としては理想的だ。ボビーは、ベテランの小宮山悟選手にその役目を要求した。小宮山選手も文句一つ言わずにやったので、バレンタインの意図を汲み取っていたのだと思う。そういう状況を見て、若い選手が育つ。小宮山さんに尻ぬぐいさせるわけにはいかないと、必死になって考え、頑張るからだ。ビジネスの場面でも、小宮山選手のような存在が若手を育てるのかもしれない。

能力を発揮しやすい環境を整える

僕は、一九九七年のオフにフリーエージェントを宣言した。中日、巨人、西武などからオファーがあり、複数年契約で年俸も高額だった。しかし、自分がやりたいことを真剣に考えたとき、日本のプロ野球に残る選択肢は考えられなかった。夢だったメジャーリーグに行くため、すべてのオファーを蹴ってニューヨーク・メッツに入団する。そこで監督をしていたのが、ボビーだった。

忘れもしない一九九八年四月五日、開幕五戦目となるピッツバーグ・パイレーツとの一戦で、五人目の先発ピッチャーとしてマウンドに上がることになった。日本のプロ野球でのデビュー戦は、舞い上がってほとんど記憶に残っていない。だからこそ、メジャーリーグのデビュー戦は、ハレの舞台をかみしめながら投げたいと思っていた。

普通の監督・コーチであれば、もしかしたらこう言うかもしれない。

「おい、ヨシ、はじめてなんだから気合い入れて投げろよ」

発破をかける意味で、決して悪い声がけではない。しかし、ボビーはその日の朝、わざわざわざ僕のところまで来てくれて、こう言ってくれた。

「今日はおまえにとって特別な日なんだから、俺は何も言わない。どんな結果になってもいいから、好きにやれ」

最後にボビーは「Have fun!」と言って立ち去った。ボビーの言葉で、より冷静になれた。やりがいを感じ、モチベーションも上がった。仰木さんとはやり方は違うが、ボビーも選手の心をつかむのがうまい監督だった。

しっかり話を聞いたうえで、自分の意見も率直に話す

キャンプに入ったときから、ボビーは心遣いをしてくれた。

「監督室のドアはいつでも開いているから、何かあったらいつでも来てくれ」

こう言ってオープンな姿勢をアピールする監督は多い。本当に多くの監督が、こういうことを言う。しかし、実際には扉が閉まっていることが多い。閉まっていると、気軽に相談できるような雰囲気にはならない。

でも、ボビーの監督室はいつも開いていた。言葉通り、いつもやりたいようにやらせてくれた。ローテーションを外されそうになったときに、ボビーに「ちょっと飲みに行こうか」と誘われ、デンバーの地ビール屋に連れて行かれた。さまざまな種類のビールを飲んだあと、おもむろに切り出された。

「ところでな、今度トリプルAから故障明けの投手が上がってくる。それで、一人ローテーションから外れなければならないんだ。ヨシ、おまえ外れてくれるか」

予想はしていたが、納得できない。正直に「僕は外れたくないです」と話すと、ボビーは理解を示してくれた。

「わかった。じゃあ、ちょっと考えるから」

結局、通常は五人でローテーションを回すところ、ボビーは六人のローテーションにする決断を下す。六人になると、試合数が減って契約のオプションに関わるため、選手から不平不満が出てくる。それでもボビーは、六人で押し通した。結果として、運よく一人が故障してローテーションを外れたので、五人に戻って事なきを得た。

監督の専権事項であるチームマネジメントなので、僕をローテーションから外すことなど造作もなくできる。**しかしボビーは、ちゃんと話してくれたうえ、僕の希望を聞き入れ**

てくれた。日本では、まずあり得ない。

ボビーは選手の気持ちを考えたうえで自分の意見を率直に伝えることができる素晴らしい指導者だったと思う。

おわりに

　サッカーのコーチは、自分が教えたことを選手ができなければ、それは選手の責任ではなくコーチの責任であると考える。だから、一つの方法でできるようにならなければ、別の方法で指導しなければならない。ということは、一つのスキルを指導するために、無数の指導方法を知っていなければならない。

　選手のタイプは無限だ。その組み合わせを考えると、指導方法の引き出しを増やす努力を怠ることは、コーチとしての存在意義を放棄することになる。コーチが学ぶことをやめたら、教えることをやめなければならない。

　しかし野球界では、教えたことができないのは選手の責任と考える。その考え方の違いに愕然とした。よく考えれば、野球界の非常識さは歴然としている。なぜなら、コーチは人を導くのが仕事だからだ。人に考えさせ、できるようにさせるのが使命だからだ。それなのに、できないのは選手のせいだと開き直るのは、職務放棄としか言いようがない。

野球界を中心に、世の中にはそういうコーチが多い。スポーツ界だけではなく、ビジネスの世界でも同じようなコーチ（上司）は少なくないはずだ。僕はそのようなコーチがいなくなればいいと思っている。

僕はコーチになって日が浅いから、まだ半信半疑でコーチング理論を試行錯誤している。この道が、正解につながっているかどうかすらわからない。それでも、僕に欠けている点を勉強で補いながら、選手を主体としたコーチングで超一流のプロフェッショナルを育成する方法を模索し続けたい。


僕が尊敬するコーチに、権藤博さんという方がいる。

権藤コーチは、かつて中日ドラゴンズでプレーした、伝説の名投手だ。一年目から主力に抜擢され、当時の試合数一三〇試合のうち六九試合に登板、三五勝を上げて最多勝に輝いた。翌年も六一試合に登板、三〇勝を上げて二年連続最多勝を獲得する。連投を重ねる権藤さんを形容する表現「権藤、権藤、雨、権藤、雨、雨、権藤、雨、権藤」が、流行語にもなった。

だが、権藤さんは、過酷な連投に肩を壊し、短命に終わった。

コーチとしての権藤さんには、近鉄時代にお世話になった。先発投手の僕を抑えに抜擢したのも権藤さんの進言だった。

しかし、僕は権藤さんにピッチングのフォームに関してアドバイスを受けたことがほとんどない。言われたのは、たった一つだ。

それは、ピッチャーとしての基本中の基本だった。足を上げたときに身体がのけぞるのは、ピッチングフォームとして欠陥がある。股関節でバランスを取ればのけぞるようなことにはならないが、バランスを膝で取るとどうしてもそうなる。僕にはのけぞる癖があったので、それを修正するアドバイスを受けた。

「おまえな、新幹線は椅子のリクライニングを倒したら楽だけど、ピッチングではリクライニングを倒したらだめなんだぞ」

イメージはすぐにわかった。このアドバイスは、僕も使わせてもらっている。選手もわかりやすいと納得する。権藤さんから教わったピッチングに関する指導はそれだけだ。僕は権藤さんの現役時代を知らないので、本当にピッチャーだったのかと思うほど、ピッチングに関する指導はしなかった。

むしろ、記憶に残っているのは、権藤さんがいつも言っていたこんな言葉だ。

「おまえたちはプロだ。能力があってやればできる。どうせやるなら、格好良くやろう」

ほとんどそれしか言わなかった。マウンドであたふたしていたら「ばかやろう。おまえはできるんだから、打たれたら俺のせいにすりゃいいんだよ」とだけ言った。相手バッターから逃げるような投球をすると、ベンチに戻ったときに「行けって言っただろ！　バカタレが！」と怒られた。

口は悪かったが、いつも僕たちを信頼して任せてくれた。

コーチになってからの僕は、権藤さんの影響がもっとも大きいかもしれない。

権藤さんが選手に任せるようになったのは、アメリカでコーチの修業をしているときのことだった。マイナーリーグで右打ちができない選手がいて、いくらやっても左にしか飛ばない。アメリカ人のコーチに「右打ちを練習して覚えろ。できるようになったら俺のところに来い」と指示され、来る日も来る日もケージに入って打たされた。

それでも、どうやっても右に飛ばない。見兼ねた権藤さんは、ついコツを教えてしまった。すると、指示を出したコーチに、こう言われたそうだ。

「おまえは、あの選手の成長を止めた。あそこで工夫して自分で覚えないと、打てるようになっても意味がないんだ」

権藤さんは、その言葉ではたと気づいた。それ以来、選手の主体性を大事にするようになったという。こういうエピソードからも、コーチとして気づかされるものがある。

本書は、主に指導する側に立っている人が手に取ってくださっていると思う。コーチングの方法は、一人ひとりのやり方がある。本書が、それを極めていくうえでのヒントになれば嬉しい。

しかし、最終的には「コーチングとはこれだ」という正解は見つからないような気がする。時代背景も変わってくるし、人の資質も時代とともに変わっていくと思うからだ。

だから、僕もコーチングのすべてといったノウハウを身につけるのではなく、時代によって、相手によって、そして常に自分も変化することによって、誰かにとっての最良のコーチングに近づきたいと願っている。そのプロセスに終わりはない。**コーチという職業を続ける限り、プロセスを歩み続けることで一生を終えるような気がする。**

選手には気分よくプレーしてもらいたい。そのために選手が一人で思考し、試行し、判断し、決定できる能力を教えるのが、コーチングの大きな目的になるのははっきりしている。それを実現する過程で、やり方は変わっていくだろう。それでもベースにあるのは「選手のために」という普遍の大前提だ。そこだけはブレずにコーチングしたい。

僕が目指すプロのコーチとは、その人なりのコーチング哲学を持っている人だ。僕にも少しずつ見えてきてはいるが、まだ確たるものは見つかっていない。しかし、その都度言うことが変わっていると、選手たちは混乱してしまう。できるだけ早くブレることのない哲学のようなものを見つけ、それを伝えたい。

僕が思い浮かべる究極のコーチ像は、コーチングの結果、選手が何でも一人でできるようになり、はた目から見るとサボっているようにしか見えないコーチだ。最高のコーチは教えない。それが僕のコーチング哲学かもしれない。今、その方法論を試行錯誤している。

コーチとして、選手一人ひとりの強みを限界まで伸ばしたい。少しぐらい下手なところがあっても、ここだけはすごいという特徴を武器に戦ってもらいたい。それを本人に気づかせ、本人の責任で高められるように指導したい。

そこで必要になるのが、メンタル面の知識だ。僕は、それを学びたい。投手コーチなので、もちろんピッチングのメカニズムも勉強しなければならない。しかし本文にも書いたように、選手とのコミュニケーションは難しい。選手たちに話を聞いても、その言葉から選手の心理状態を読み取る力は、まだ僕にはない。心理学をもっと勉強したいと思う。そして、選手たちに振り返りをさせるように、自分自身のコーチングについても常に客観的に振り返り、前に進んで行きたいと思う。そうすることで、究極のコーチの姿に少しでも近づけると信じている。

学び続けることは、コーチのもっとも重要な資質の一つだ。言い方を変えれば、学び続けられないコーチは、すぐに指導をやめるべきだ。自説と経験だけに頼るコーチングでは、変化し続ける人間を導くことはできない。

コーチだけはやりたくないと思っていた僕は、気がつけばコーチとして9回目のシーズンを終えていた。
その間、いろいろな経験を積んだ。今では選手時代、僕を指導してくれたコーチたちが何を伝えたかったのかよくわかる。その中には引退後に役立つ知識もあった。現役時代に気づけなかったのは残念でならない。

僕は今後もしばらく、コーチの仕事を続けていくと思う。
そして、微力ではあるが、一人でも多くの選手が納得いく現役生活を送れるよう、サポートしていきたい。そのために、僕自身も気づく力と気づかせる力をもっともっと高めていきたい。
最後に、監督と選手の間を取り持つのは、本当に難しいなと思う今日このごろです。

ほな、また。

二〇一八年十月

吉井理人

最高のコーチは、教えない。

発行日　2018年11月20日　第1刷
　　　　2019年1月21日　第3刷

Author	吉井理人
Photographer	小川孝行
Book Designer	國枝達也
Illustrator	小林祐司(本文図版)
Publication	株式会社ディスカヴァー・トゥエンティワン 〒102-0093　東京都千代田区平河町2-16-1 平河町森タワー11F TEL　03-3237-8321(代表)　FAX　03-3237-8323 http://www.d21.co.jp
Publisher	干場弓子
Editor	藤田浩芳　林拓馬　(編集協力：新田匡央)
Marketing Group Staff	小田孝文　井筒浩　千葉潤子　飯田智樹　佐藤昌幸 谷口奈緒美　古矢薫　蛯原昇　安永智洋　鍋田匠伴 榊原僚　佐竹祐哉　廣内悠理　梅本翔太　田中姫菜 橋本莉奈　川島理　庄司知世　谷中卓　小木曽礼丈 越野志絵良　佐々木玲奈　高橋雛乃
Productive Group Staff	千葉正幸　原典宏　林秀樹　三谷祐一　大山聡子　大竹朝子 堀部直人　塔下太朗　松石悠　木下智尋　渡辺基志
Digital Group Staff	清水達也　松原史与志　中澤泰宏　西川なつか　伊東佑真 牧野類　倉田華　伊藤光太郎　高良彰子　佐藤淳基
Global & Public Relations Group Staff	郭迪　田中亜紀　杉田彰子　奥田千晶　連苑如　施華琴
Operations & Accounting Group Staff	山中麻吏　小関勝則　小田木もも　池田望　福永友紀
Assistant Staff	俵敬子　町田加奈子　丸山香織　井澤徳子　藤井多穂子 藤井かおり　葛目美枝子　伊藤香　鈴木洋子　石橋佐知子 伊藤由美　畑野衣見　井上竜之介　斎藤悠人　平井聡一郎 宮崎陽子
Proofreader	文字工房燦光
DTP	株式会社RUHIA
Printing	共同印刷株式会社

ISBN 978-4-7993-2385-4　